세상에 대하여
우리가
더 잘 알아야 할
교양

42

지은이 | 감수자 소개

글쓴이 **박기현**

안동 출신의 역사 작가로 우리 역사를 널리 알리는 데 많은 힘을 쏟고 있습니다. LG그룹 홍보팀장, 〈국제 신문사〉 기자, 〈도서신문〉 초대 편집 국장, 〈월간 조선〉 객원 에디터, 리브로 경영지원실장, (재)한중일 비교문화연구소 사무 국장을 역임한 작가는 《조선의 킹 메이커》를 집필하여 역사서 부문 베스트셀러 반열에 오르는 기염을 토하기도 했 습니다. 박기현 작가는 1991년에 문화 정책 비평서 《이어령 문화주의》를 출간하며 글쓰기를 시작했습니다. 지은 책 으로는 《조선 참모 실록》 《우리 역사를 바꾼 귀화 성씨》 《KBS HD 역사스페셜(제5권)》 《악인들의 리더십과 헤드 십(동양편, 서양편)》 등의 역사서와 《한국의 잡지출판》 《책 읽기 소프트》 등의 교양서 10여 권과 《러시안 십자가》 《태양의 침몰》 《별을 묻던 날》 등의 장편 소설 및 여러 권의 번역서가 있습니다. 현재 한양대 국제문화대학 겸임 교수와 소설가로 살고 있습니다.

감수자 **변종임**

중앙대학교에서 교육학 박사 학위를 받은 감수자는 2002년부터 2012년까지 한국교육개발원에서 연구위원으로 근 무했습니다. 2012년 국가평생교육진흥원으로 자리를 옮겼으며, 2015년 현재 중앙다문화교육센터장으로 재직하고 있습니다. 주요 논문으로 〈다문화 가족 역량 개발을 위한 통합적 교육 지원 방안 모색〉 〈사회 통합을 위한 학습 · 노동 · 복지 연계 방안 연구〉 등이 있으며, 지은 책으로는 《평생 교육의 이해》 《각국의 평생 교육 정책》 등이 있습 니다.

세 상에 대하여
우리가

더 잘 알아야 할
교양

박기현 글 | 변종임 감수

42

다문화

우리는 단일민족일까?

내인생의책

차례

※ 본문의 **굵은 글씨**로 표시된 단어는 88페이지 용어 설명에서 찾아보세요.

| 감수자의 글 |

2015년을 기준으로 우리나라에 거주하는 장기 체류 외국인, 귀화자, 외국인 주민 자녀를 모두 합하면 174만 1,919명이라고 합니다. 이는 우리나라 전체 주민 등록 인구(5,133만 명) 대비 3.4%에 해당합니다. 국제 결혼이 전체 결혼의 10분의 1에 달하고, 농촌 지역의 경우에는 절반에 육박합니다. 신생아 20명 가운데 1명은 다문화 가족 출신이고, 전체 다문화 가족 자녀 수는 20만 명에 이릅니다. 2020년이 되면 청소년 인구의 20%가 다문화 가족 출신이 될 것이라는 예측도 있습니다. 우리나라는 급격한 **고령화 사회**로 진입하고 있으며, 출산율은 OECD 국가 가운데 최저입니다. 그런 의미에서 볼 때 우리의 다문화 가족 자녀들은 대한민국을 지탱해 나가는 데에 있어 절대 없어서는 안 될 소중한 우리 사회의 구성원임에 틀림이 없다는 생각이 듭니다.

릴레이 경주를 보면 릴레이 주자들이 다음 사람에게 바통을 넘겨주는데, 저는 그 장면을 볼 때마다 우리는 다음 세대에게 어떤 바통을 넘겨주고 가야 할지를 생각해 보게 됩니다. 우리 아이들에게 어떤 삶의 가치와 어떤 역량을 키워 주어야 그 바통을 잘 전달해 주는 것인지, 그것이 우리 역사를 이어 가는 데 얼마나 중요한 일인지 생각해 보는 거죠. 하루가 다르게 급변하는 사회에서 우리 아이들이 피부색이나 부모의 모국에 상관없이 마음껏 미래를 꿈꾸며 행복하게 살아갈 수 있을 때, 우리의 미래도,

대한민국의 역사도 지속가능하다고 봅니다.

이 책은 순혈주의 민족 신화의 문제점을 설득력 있게 제시하고, 우리나라 다문화 사회의 현주소를 보여 주고 있습니다. 아울러 다양한 다문화 정책 사례들을 통하여 다문화 사회를 위해 우리가 무엇을 해야 하는지, 우리가 만들어 가야 할 다문화 사회의 미래의 모습은 어떠해야 하는지에 대해 생각해 볼 계기를 마련해 줍니다.

아무쪼록 이 책이 다문화 가족 구성원에 대한 여러분의 인식을 넓히고, 나아가 그들과 함께 아름답고 행복한 대한민국을 만드는 데 도움이 되었으면 합니다.

중앙다문화교육센터장 **변종임**

들어가며 : 우리는 원래 다문화 사회였다

다문화와 관련한 책은 상당수 출간되어 있습니다. 그리고 비슷비슷하지요. 아마도 독자들은 거기서 거기라는 생각을 지울 수가 없을지도 모르겠습니다. 그래서 무슨 책을 읽든 간에 다문화 가족과 화합해야 하고 서로를 이해하지 않으면 안 되며, 정부나 지자체들도 예산을 늘리고 관심을 모아야 한다는 것으로 결론을 내리게 됩니다.

필자는 솔직히 이 문제를 좀 다른 차원에서 그리고 솔직하게 접근하고자 합니다. 이 책을 읽는 청소년들이 훗날 속할 집단이나 공동체, 사회 조직 안에서 피부색이나 언어 출신 국가가 다른 이들과 한데 모여 일하거나 공부하게 된다면 과연 제대로 적응할 수 있을지 의문스럽습니다.

이 책의 목적은 바로 거기에 있습니다. 우리는 옛날부터 피부색이 어떻든 출신 국가가 어떻든 간에 이주민 자녀와 같이 살아도 아무렇지 않았고, 오히려 그들과 친구가 되고 함께 다투거나 싸우기도 하면서 공동체를 잘 이뤄왔다는 이야기를 하자는 것이지요. 지금에 와서 잘 해보자는 이야기를 하자는 것이 아니라, 원래부터 우리는 다문화사회였고 오랜 세월 서로 부대껴가며 훌륭한 공동체를 만들어왔다는 것을 깨닫자는 것입니다. 사실 우리 민족도 출발이 원래 다문화 사회였다는 것을 알게 되면, 이 책이 다른 책과 달리 좀 더 가슴에 와 닿는 책이 될 것이라고 믿습니다.

이렇게 이야기하면 "설마?"라고 반문하는 청소년들이 있을까요? 필자는 다문화와 관련된 글을 10년 전쯤부터 써 온 어쩌면 이 분야의 선도적 재야 연구자이자 집필자입니다. 물론 필자보다 앞서서 전문적인 연구를 발표하고 지금도 연구하고 계신 선배 연구자들이 적지 않음을 알고 있습니다. 하지만 대중들에게 이 사실을 알리려고 노력한 것을 말하자면, 필자도 어깨를 내밀 만하다고 자부하는 편이지요. 자랑하려고 한 이야기는 더욱 아님을 이해해 주시기 바랍니다. 결론부터 이야기하자면, 필자는 지금 다문화니 다민족이니 하며 여러 가지 의견이 분분한 것을 보면서 참 우리가 역사를 모르는 민족이구나 하는 탄식을 하게 됩니다.

단일민족 신화는 없다

우리나라 사람들은 우리 민족이 **단일민족**이라고 말합니다. 하지만 역사를 돌이켜 보면 이러한 믿음이 얼마나 잘못된 것인지 금방 깨달을 수 있어요. 단일민족이란 고정관념은 사실 일본의 식민지화에 대항하기 위해 우리 민족이 자가 생산한 측면이 있습니다. 일제 강점기에 일본은 조선을 강제 병합하고 성씨를 갈아 치우며 우리말과 문화를 말살하려고 했어요. 이 시기에 단일민족이란 믿음은 국민적 단결을 불러일으켜 일본에 저항할 수 있는 원동력이 되었던 거죠.

하지만 우리가 자랑스럽게 여기는 단일민족 신화 혹은 순혈주의 민족 신화는 사회적으로 적지 않은 문제를 낳고 있습니다. 단일민족이라는 믿음은 우리 자신을 순혈주의라는 굴레 안에 가두지요. 그 결과 우리는 한국 전쟁으로 인해 생겨난 혼혈아들, 동남아시아와 아프리카에서 들어와 우리를 돕고 있는 피부색이 다른 사람들에 대해 근거 없는 차별 의식과 우월 의식을 갖게 되었습니다. 심지어 한국이 좋아서 갖은 어려움을 이겨 내고 **귀화**한 이주민과 그 자녀들을 핍박하고 냉대하고 있지요. 이처럼 단지 피부색과 국적이 다르다는 이유로, 그들을 무시하고 학대하는 것은 부끄러운 일인 것은 분명합니다.

우리나라가 근대화의 물결을 타고 미주 지역 등 해외로 이주한 지 1백여 년의 세월이 흐르면서 서양인들로부터 피부색, 언어, 다른 문화와 전통으로 인해 얼마나 많은 차별을 받았을까요? 그런 차별을 겪은 우리가 이제 다시 국수주의를 발동하여 피부색이나 다른 언어, 다른 문화로 이주민들을 차별하는 모순된 행태를 보입니다. 그러면서도 우리는 일본의 국수주의를 욕하고 미국인의 인종 차별을 비판합니다. 과연 우리가 남을 비판할 자격이 있기나 한 것일까요?

이 글은 우리 민족이야말로 원래 외래 이주민들에게 차별도 냉대도 없이 하나로 뭉쳐 살아온 역사적 성과와 업적이 있다는 사실을 널리 알리고, 다문화와 이주민들에 대해 새로운 시각으로 대하며 사랑으로 보듬어 주어야 할 것을 역설하기 위해 쓴 것입니다. 다시 말해 우리가 단일민족이라고 주장하는 분들에게는 미안한 이야기지만, 정확히 말해 우리는 '잡탕 민족'입니다. 어떤 책에서는 한국인을 짬뽕이라고 표현할 정도로, 우리는 다양한 출신과 국적과 인종으로 이루어져 있습니다.

우리 민족의 30% 이상은 귀화인 출신입니다. 전문 연구자들의 DNA 분석 결과를 참조해도 결과는 비슷하지요. 중국계, 몽골 등의 북방계, 일본계, 동남아시아계 등 다양한 인종의 DNA를 포함한 것이 우리 민족입니다. 실제로 2003년에 발표한 인구주택 총조사 결과를 보면, 우리나라 인구는 귀화인을 제외하고 286개 성씨에 4,179개 본관을 갖고 있습니다. 그런데 이 통계에 귀화인 성씨를 보태면, 442개 늘어나 무려 728개나 되지요. 출신 국가별로 살펴보면, 중국계 83계, 일본계 139계, 필리핀계 145개 및 기타 75개로 나타났습니다. 최근의 통계가 발표되진 않았지만 20세기 후반과 21세기에 걸쳐 한반도에 들어온 이주 귀화 성씨는 그동안 훨씬 더 늘어났을 것입니다. 그리고 그 귀화 이주민들의 자녀가 이미 중고등학생 또는 대학생이 되었습니다. 그럼에도 이들은 여전히 보이지 않은 냉대와 차별로 고통 받고 있습니다. 여기에 새터민들도 비슷한 고통을 감내하며 살고 있습니다. 그야말로 다문화 이주자들과 기존 거주 국민간의 문화 충돌이자 이해 갈등 국면입니다.

무지개가 아름다운 이유

흑백 영화가 영화계를 휩쓸던 시대가 있었습니다. 그 시절 영화 스크린은 흑백의 단 두 가지 색으로만 표현되었지요. 그러나 영상 기술의 발달로 컬러 영화가 등장하면서 다채롭고 아름다운 화면이 주목을 받게 되었습니다. 무지개가 아름다운 이유도 다양한 빛깔이 함께 어우러져 화합을 이루어 내기 때문입니다. 만일 서로 다른 색상이 화합을 이루지 못한다면 그것은 추하거나 왜곡된 색상을 나타낼 수밖에 없어요. 우리가 사는 지구촌이 아름다운 이유도 지역마다, 나라마다 서로 피부도 다르고 인종, 언어, 문화 등이 다르지만, 이들이 한데 어울려 지구촌 문화를 형성하고 있기 때문입니다.

하지만 여전히 새로운 집단이 기존 집단과 함께하고자 할 때 예상치도 못한 불화나 갈등, 차별과 냉대를 겪고 있는 것도 사실입니다. IT 기술의 발달과 더불어 전 세계가 하나가 되어 가고 있지만, 이민자를 둘러싼 다문화 갈등은 여전히 사회 문제로 남아 있어요. 우리는 달라져야 합니다. 우리 청소년들도 마찬가지예요. 관점과 이해를 새로 할 필요가 있습니다. '역지사지'라는 말을 알고 있지요? 처지를 바꿔 생각해 보자는 것입니다. 우리 사회에 들어오는 이주자를 열린 마음으로 받아들이지 않으면 이 나라의 미래는 암울해질 수밖에 없습니다. 우리는 이주민을 적극적으로 껴안아야 합니다. 우리 조상들이 해 왔던 것처럼 말이지요.

우리나라의
다문화 가족 현황

다문화 가족의 아이들이 늘어나고 있지만, 그에 상응하는 우리들의 인식 변화와 제도적 뒷받침, 정책 지원은 여전히 미흡합니다. 그래서 학교와 사회에서 다문화 가족의 아이들이 많은 차별을 받고 있지요. 이는 선진국 국민이라고 자부하던 우리에게 숨길 수 없는 부끄러운 일입니다.

최근 우리는 생활 주변에서 외국인을 심심찮게 만날 수 있습니다. 외국 국적의 동포, 결혼 이민자, 외국 유학생 또는 근로자 등 다양한 이유로 입국한 외국인들이 늘면서 우리나라가 새로운 다문화 사회로 급격히 진입하고 있는 것입니다.

교육부는 2014년 4월 1일 기준으로 국내 초·중·고교에 다니는 다문화 가족 학생이 6만 7,806명으로 집계되었다고 발표했습니다. 정부 공식 통계에서 다문화 학생이 6만 명을 넘어선 것은 이번이 처음입니다.

이처럼 다문화 가족의 아이들이 늘어나고 있지만, 그에 상응하는 우리들의 인식 변화와 제도적 뒷받침, 정책 지원은 여전히 미흡합니다. 그래서 학교와 사회에서 다문화 가족의 아이들이 많은 차별을 받고 있지요.

차별과 냉대

오초리(15세, 가명)는 중학교에 들어가자마자 같은 반 학생들로부터 보이지 않는 차별과 냉대를 받아야 했습니다. 한글도 서툴고 피부색도 까무잡잡하다는 이유로 왕따를 당한 것이지요. 학생들은 오초리의 급식에 연필깎이 쓰레기를 집어넣거나 체육 시간에 오초리의 체육복을 숨기기

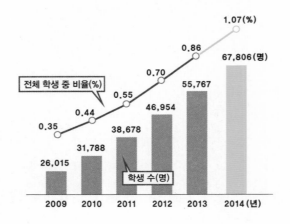

초·중·고 다문화 학생 수 추이   자료 : 교육부

전체 학생 중 비율(%)

1.07(%)
0.86
0.70
0.55
0.44
0.35

67,806(명)
55,767
46,954
38,678
31,788
26,015

학생 수(명)

2009 2010 2011 2012 2013 2014(년)

도 했습니다. 심지어 오초리로부터 냄새가 난다며 점심 식사 때 아무도 오초리 옆에서 밥을 먹지 않았어요. 결국 오초리는 이런 상황을 견디지 못해 학교를 그만두었지요. 다행히 오초리는 다문화 학생이 비교적 많은 경기도 안산에 있는 한 학교로 전학을 간 후에야 학교생활에 적응할 수 있었습니다.

한편 우리나라와 일본이 역사적으로 대립하고 있어서인지 서울 강남의 모 고교에 진학한 한 일본계 여학생은 같은 반 학생들로부터 "재수 없어."라는 폭언에 시달리고 있습니다. 파키스탄의 IT 기술자로 국내에 유학하다가 정착한 카와자 아시프(가명) 씨는 한국인 여성과 결혼해 중학생이 된 딸 하나를 두고 있는데, 차별을 견디다 못해 딸을 남아프리카로 유학을 보내야 했습니다. 그런데 같은 다문화 학생이라도 미국이나 영국

▍같은 다문화 가족 자녀라도 출신 국가나 인종에 따라 차별의 정도가 다르다.

등 백인 계통의 학생은 차별을 거의 받지 않습니다. 아니 오히려 우대를 받습니다. 피부색이나 출신 국가에 따라 냉대와 차별의 온도가 다르다는 것이지요. 같은 나이의 친구들을 이렇게 차별하는 것은 참으로 서글픈 일입니다.

북한을 탈출하여 남한에 정착한 새터민 가족의 학생들도 북한 사투리로 인해 차별을 당하기는 마찬가지입니다. 북한 사투리를 쓰는 탈북 청소년은 학교에서 따돌림을 당한 후, 사투리가 나올까 봐 아예 말을 하지 않는 학생들도 있다고 해요. 하지만 가해 학생들은 차별받는 학생들의 고통이 얼마나 큰지 깨닫지 못하고 있지요.

2012년 여성가족부의 다문화 가족 실태 조사에 따르면 다문화 가족

〈별별 이야기 2_샤방샤방 샤랄라〉는 필리핀 출신 어머니를 둔 한 초등 학생을 소재로 한 애니메이션이다. 주인공 은진은 야무지고 명랑한 초등 학생이다. 하지만 학교에서 놀림을 받을까 두려워 어머니가 필리핀 출신 이라는 것을 숨긴다. 영화는 은진이 엄마가 받는 아픔도 보여 준다. 필리 핀에서 온 엄마는 된장찌개도 잘 끓이고 싱싱한 갈치를 고르는 법도 알고 있다. 하지만 동네 사람들은 은진이 엄마가 아직도 한국 생활에 적응을 못 했다고 지레짐작한다. 또, 필리핀 사람이라서 돈이 없을 거라고 생각 한다. 그래서 은진이 엄마를 항상 동정어린 시선으로 본다. 영화는 은진 이가 한국 사람이고 그녀의 엄마 또한 모습과 태어난 곳은 다르지만, 이 제는 한국 사람이라는 것을 말하고 있다. 그리고 주위 사람들이 은진이와 엄마를 편견이나 동정심이 아닌 진심으로 인정해 주어야 한다고 말하고 있다. 이 영화를 통해 우리는 은진이 엄마가 필리핀 출신이 아니라 미국 이나 다른 선진국이었다고 해도 은진이가 엄마의 국적을 감추려 했을지 한 번쯤 생각해 볼 필요가 있다.

자녀의 13.8%가 차별을 당한 경험이 있었다고 합니다. 가해자의 36.5% 가 친구였고, 선생님이 가해자인 경우도 9.5%에 달했지요. 학업 중단 사 유의 23.8%가 친구나 선생님과의 대인 관계로 나타나 심각한 사회 문제 임을 보여 주고 있습니다. 다문화 가족의 성인도 차별을 경험하기는 마 찬가지입니다. 2012년 7월 정부는 전국의 다문화 가족 15,341가구를 대 상으로 실태 조사를 벌였어요. 이 조사에서 사회적 차별을 경험한 비율

지금 우리는 세계가
하나되는 시대에 살고 있다.

이 지난 2009년 36.4%에서 41.3%로 4.9% 증가했습니다. 차별을 경험한 장소로는 직장이 가장 많았고, 상점이나 음식점, 거리나 동네, 공공기관, 학교나 보육 시설 등이 그 뒤를 이었지요. 즉, 결혼 이민자의 국내 고용이 늘어나면서 직장에서의 차별도 그만큼 커지고 있음을 보여 주고 있는 것입니다.

또한, 다문화 가족을 위한 사회적 지원 네트워크도 여전히 취약한 것으로 드러났습니다. 어려운 일이 생겨도 의논 상대가 없다고 말한 결혼 이민자 비율이 15.5%에서 21.7%로 증가했고, 지역 주민 모임에 참여해 본 경험이 없다는 비율도 72.2%에서 86.7%로 높아졌습니다.

다행히 3년 전 조사에 비해 여성 결혼 이주자의 고용률은 36.9%에서 53%로 나아졌습니다. 그러나 일자리가 일용직이나 단순 노무직이어서 일자리의 질적 수준은 여전히 열악한 것으로 나타났습니다.

교육 당국의 정책 전환

　교육부는 2014년에 '다문화 교육 중점 학교' 120곳을 지정한 뒤, 중점 학교의 학생들을 대상으로 다문화 이해 교육·반(反) 편견 반(反) 차별 교육 등을 진행했습니다. 그 결과 학생들은 '세계 시민 의식', '다문화 통합성', '외국인 수용성' 등 주요 항목에서 향상된 점수를 보여 꾸준한 교육과 홍보가 얼마나 중요한지를 다시 한 번 확인할 수 있었지요. 2015년에는 대상 학교를 150곳으로 늘렸습니다. 그동안 다문화 교육은 다문화 학생의 학교생활 적응에 초점을 맞췄습니다. 하지만 이제는 일반 학생들이 다문화 학생을 이해하고 보듬어 안고 가기 위한 교육으로 전환되고 있습니다.

　사실 다문화 학생에 대한 차별과 편견은 그릇된 인식에서 비롯되는 경우가 많았습니다. 그래서 교육 당국은 이들 다문화 학생의 차별과 따돌림을 최소화하기 위해서 다문화 학생들과 일반 학생들이 함께 어울려 성장할 수 있는 환경을 만들어 나가는 데 힘을 쏟고 있어요.

그러나 여전히 현장 교사의 역량 부족과 학교 당국의 생색내기나 겉치레용 프로그램은 고질적인 문제로 남아 있습니다. 이에 따라 일선 학교에 전문성을 갖춘 교사를 확보하고, 단기 혹은 일회성 프로그램에서 장기 프로그램으로 전환해 가려는 노력을 계속해야 합니다. 다행히 일부 일선 학교와 사회단체가 최근 다문화 문제를 심각하게 받아들이고 교육을 강화하고 있어 개선될 것이라는 희망을 품게 됩니다. 방과 후 학교에서 다문화 학생을 지도하고 있는 이영미 교사의 이야기는 한국 교육 사회의 변화 가능성을 엿보게 해 주지요.

"적어도 방과 후에 소수만 남아 함께 공부하고 서로 대화하는 다문화 교육 그룹에선 이런 문제가 많이 사라졌습니다. 자주 부딪치면서 서로를 이해하게 되었고, 자연스럽게 서로의 속마음을 터놓는 친구가 되었기 때문이지요. 결국 교육으로 다문화 문제는 어느 정도는 해결될 가능성이 있다고 봅니다. 그래서 전문 교사 교육과 전문 교육 프로그램의 확충이 꼭 필요합니다."

집중탐구 다문화 교육 중점 학교

다문화 교육 중점 학교는 모든 학생(일반 · 다문화 학생)의 다문화 인식 제고를 위한 다문화 교육 프로그램을 기획 · 운영하는 학교를 말한다. 다문화 교육 우수 사례를 공유 · 확산하여 다문화 교육을 활성화하기 위해 2014년부터 교육부가 기존 '글로벌 선도 학교'의 거점형, 집중형을 통합하여 운영하고 있다.

서로 다른 색이 모여
하나를 만듭니다

우리 사회에는 어린이, 노인, 장애인에서부터 우리와 얼굴색이 다른 외국인에 이르기까지 많은 사람들이 함께 살아가고

있습니다. 그 사람들은 각각 다른 일을 하고 다른 지역에서 살고 살아가는 모습도 다릅니다. 모습은 다르지만 한사람 한사람이 자신의

역할을 다하고 서로 돕기 때문에 우리는 행복하게 살아갑니다. 타인을 이해하고 도우면서 살아가는 것은 우리 사회를 더욱 살기 좋게 만듭니다.

┃ 다양한 사람들이 서로 이해하고 도울 때 살기 좋은 세상을 만들 수 있다는 공익 광고다.

간추려 보기

• 최근 다문화 가족의 아이들이 늘어나고 있지만, 그에 상응하는 우리들의 인식 변화와 제도적 뒷받침, 정책 지원은 여전히 미흡하다. 그래서 학교와 사회에서 다문화 가족의 아이들이 많은 차별을 받고 있다.

• 그동안 다문화 교육은 다문화 학생의 학교생활 적응에 초점을 맞췄다. 하지만 이제는 일반 학생들이 다문화 학생을 이해하고 보듬어 안고 가기 위한 교육으로 전환되고 있다.

2

다문화에 대한 이해

우리는 정말 단일민족일까요? 결론부터 말하면, 우리 민족의 30% 이상은 귀화인 출신입니다. 즉, 우리 민족 열 명 중 세 명은 다른 나라에서 이주해 온 이방인이라는 것이지요. 국내에 사는 성씨를 살펴보면 귀화 성씨가 생각 이상으로 많다는 것을 알 수 있습니다. 거리가 가까운 중국과 일본은 말할 것도 없고 저 멀리 네덜란드, 인도, 베트남, 몽골, 여진족, 위구르, 거란족과 흉노족, 발해 유민 등 많은 민족이 한반도에 들어와 한국인이 되었습니다.

다문화란 한 사회 안에 여러 민족이나 국가의 문화가 뒤섞이어 있는 것을 말합니다. 원래는 문화의 다양성을 가리키던 말이었는데, 시간이 흐르면서 이질 문화에 대한 인정과 존중이란 의미를 갖게 되었어요. 그래서 민족주의에 근거한 편견과 행동을 지양해야 한다는 의도를 표명할 때 사용되지요. 또한 다문화주의(multiculturalism)란 말은 현대 사회가 평등한 문화적 · 정치적 지위를 가진 서로 다른 문화 집단을 끌어안을 수 있어야 한다는 의미로도 사용된답니다. 그런 측면에서 보자면 다문화주의는 하나의 국가나 민족은 하나의 문화를 가진다는 단문화주의(monoculturalism)와 대비되는 개념입니다.

단일 문화의 속성과 방해 요소

하나의 문화는 대개 그 문화권에 속한 집단 혹은 민족의 특성을 반영하기 마련입니다. 이 때문에 문화는 두 가지 속성을 갖습니다. 첫째는 민족성을 확인하고 공유하며 이를 확산하고 강화하려는 속성입니다. 미국 사회에 뿌리내린 차이나타운의 중화 문화를 떠올려 보세요. 인천의 차이

차이나타운은 다른 나라 도시에 있는 중국인 집중 거주 지구를 말한다. 미국의 캘리포니아 주 샌프란시스코에 있는 차이나타운은 외국계 거리 중에서 최대 규모다.

나타운도 마찬가지입니다. 이들은 거주하고 있는 나라의 문화 특성도 존중하지만, 관습적으로 전해져 온 민족 전통문화를 절대 버리지 않아요.

둘째는 민족이라는 관점에서 확실한 경계선을 가지며 분명한 차별적 요소를 갖는다는 거예요. 그래서 공격당하거나 구별되기 쉽다는 장단점을 함께 가지죠. 실제로 미국 사회에서 차이나타운이나 **코리아타운**은 이질 집단으로 받아들여지고 있습니다. 미국인이지만 중국 문화나 한국 문화를 절대 버리지 않고 끼리끼리 어울리기 때문이지요.

따라서 단일 문화는 차별 혹은 분리라는 특성과 함께 자긍심과 배타성이라는 이중적 개념으로 받아들여질 수 있습니다. 다문화 시대에 있어

차이나타운이나 코리아타운이 동서양의 문화가 만나는 곳으로서 뭔가 새롭고 발전적인 이상향을 만들어 내지 못하고, 오히려 별난 집단이나 민족으로 이류 또는 삼류의 이미지를 갖게 된다면 최악의 상황이 되고 말 것입니다. 그래서 최근에는 초월 문화, 상호 문화와 같은 용어들이 등장하면서 민족이나 영토, 인종의 경계를 허무는 새로운 융합 문화의 개념들이 선보이고 있습니다. 이 개념에서는 문화나 민족, 인종보다는 국적이 우선시되고, 민족 정체성을 강조하기보다 지금 당장 나와 삶을 같이 하는 공동체로서 서로를 인정하고 받아들이는 것이 중요하지요.

동화와 동화주의

동화란 사전적으로는 성질, 양식, 사상, 관습 따위가 다르던 것이 어떤 특별한 원인에 의하여 서로 같게 되는 것을 말합니다. 즉, 동화는 비주류 집단이 주류 집단의 문화에 순응하여 맞춰 살 것을 강요하거나 적극적으로 화합하여 동질화시키려고 하는 것이지요. 하지만 동화는 이에 순응하지 못하는 비주류 집단의 반발을 일으켜 갈등의 요인이 되기도 합

니다. 사실 상고 시대로부터 중세와 근세, 현대에 이르기까지 많은 나라
는 주변의 소수 문화의 도전을 받을 때 이를 다수 문화 속에 흡수 통합해
왔습니다. 우리 역사에서도 압록강 북방의 많은 여진족이 조선으로 귀화
해 왔을 때, 조선은 귀화한 여진족에게 여진족의 문화를 버리게 하고, 조
선의 문화에 순응하도록 했습니다. 동화는 서양에서도 이루어졌습니다.
미국에서 서양인들은 원주민이었던 인디언을 서양 문화에 순응하도록
강요했던 것입니다. 이와 같은 동화 정책을 주장하고 지지하는 태도를
동화주의라고 합니다.

다문화 가족이란?

다문화 가족이란 국제결혼 또는 이중 문화 가정, 서로 다른 인종의 부
부 사이에서 태어난 자녀를 중심으로 하여 만들어진 가족을 말합니다.
한 가족 내에서 다양한 문화가 공존하고 있다는 의미가 있지요. 예전에
는 국제결혼 가족이라는 용어를 사용했는데, 국적에 따른 차별성을 내포
하고 있어서 더는 사용하지 않게 되었습니다. 최근에는 한국인 남성과
결혼한 이주 여성 가족, 한국인 여성과 결혼한 이주 남성 가족, 이주민
가족(이주 노동자, 유학생, 새터민 등)을 모두 다문화 가족이라고 부릅니다.

한국인의 조건

한국인이라면 과연 누구를 말하는 것일까요? 동아시아연구원은
2005년과 2010년 두 번에 걸쳐 '진정한 한국인이란 무엇일까?'에 대한
조사를 했습니다. 2010년 조사에 따르면 '진정한 한국인이 되기 위한 조

저출산 · 세계화 시대를 맞아 다문화 가족은 지속해서 증가할 수밖에 없는 상황이다.

건'을 묻는 복수 응답형 질문에 '대한민국 국적 유지'가 1위(89.4%)를 차지했어요. **'혈통'**이란 응답은 84.1%였지만 최하위인 7위를 기록했습니다. 2005년에 실시한 조사에서는 '혈통'이 4위였는데 5년 만에 3계단 추락한 것이지요. "한국은 단일민족 국가 대신 다민족 · 다문화 국가가 되어야 한다."는 응답도 60.6%나 되었습니다. 이러한 조사 결과를 통해, 우리나라 국민 의식이 변화되어 민족 개념이 많이 바뀌었다는 걸 알 수 있지요.

생각해 보기

정부는 2007년에 다문화 학생들의 급증을 고려해 '국기에 대한 맹세'에서 '민족'이라는 표현을 뺐다. '조국과 민족의 무궁한 영광을 위하여'란 내용이 '정의로운 대한민국의 무궁한 영광을 위하여'로 바뀐 것이다. 이처럼 우리 주변에 다문화 사회를 위해 바꿔야 할 것이 무엇이 있을까?

실제로 뛰어난 운동선수를 영입할 때 대부분의 나라에서는 자국 혈통을 중시하지 않고 있습니다. 쇼트트랙의 최고 선수 안현수가 러시아인이 되는 조건에서 혈통 문제는 전혀 고려의 대상이 아니었어요. 이것은 우리나라도 마찬가지입니다. 프로 농구에서 여러 귀화 선수가 빛나는 활약을 하고 있는 게 그 한 예지요. 현재 우리나라 프로농구에는 문태영, 문태종, 전태풍, 이승준, 김민수, 이동준, 박승리 등의 귀화 선수들이 활약하고 있습니다. 결국, 피부색이나 출신 국적이 전혀 문제가 되지 않는다는 거예요. 따라서 우리가 어떤 마음으로 이들을 받아들이는가에 따라 다문화 가족과 공동체의 발전이 좌우된다고 할 수 있습니다.

태극기는 1882년 조선 시대 **고종**의 명령을 받아 처음 만들어져, 박영효 등 일본 수신사 일행에 의해 처음 사용되었다. 그때 이래로 태극기는 조선, 대한제국, 대한민국 상해 임시 정부의 공식 국기로 사용되었고, 1948년 대한민국 정부 수립 이후에 정식 국기로 대한민국을 상징하고 있다.

안현수는 2006년 토리노 동계 올림픽 쇼트트랙 남자 부문에서 3관왕을 달성하며 세계 최고의 선수로 거듭났다. 그러나 2010년 성남시청 팀이 해체됐고 같은 해 밴쿠버 올림픽 국가대표로 선발되는 데 실패했다. 안현수는 2011년 한국 국적을 포기하고 러시아로 귀화하여 2014년 소치 동계 올림픽에서 금메달 3개를 땄다.

© Paolo Bona/Shutterstock.com

우리 민족은 정말 단일민족일까?

"서로서로 도와 가며 형제처럼 지내자.

우리는 한겨레다."

위의 가사는 동요 〈서로서로 도와 가며〉에 나오는 내용입니다. 우리는 정말 단일민족일까요? 결론부터 말하면, '아니다' 입니다. 우리 민족의 30% 이상은 귀화인 출신이므로 단일민족이라고 하기 어려워요. 즉, 우리 민족 열 명 중 세 명은 다른 나라에서 이주해 온 이방인이라는 것이지요. 국내에 사는 성씨를 살펴보면 귀화 성씨가 생각 이상으로 많다는 것을 알 수 있습니다. 거리가 가까운 중국과 일본은 말할 것도 없고 저 멀리 네덜란드, 인도, 베트남, 몽골, 여진족, 위구르, 거란족과 흉노족, 발해 유민 등 많은 민족이 한반도에 들어와 한국인이 되었습니다. 이는 과학적으로도 증명된 사실이에요. 전문가들이 한국인의 DNA를 분석한 결과, 중국계와 몽골 등의 북방계, 일본계, 동남아시아계 등 다양한 인종의 DNA가 한국인의 DNA에 포함되어 있다는 사실이 밝혀졌거든요.

실제로 2003년에 발표한 인구 주택 총조사 결과를 보면, 우리나라 인구는 귀화인을 제외하고 286개 성씨에 4,179개 본관을 갖고 있습니다. 그런데 이 통계에 귀화인 성씨를 보태면 442개 늘어나 무려 728개나 되지요. 출신 국가별로 살펴보면, 중국계 83개, 일본계 139계, 필리핀계 145개 및 기타 75개로 나타났습니다. 이를 통해 우리는 상고 시대 이후 자의든 타의든 간에 정치적이든 경제이든 간에 수많은 외국인이 정든 조국을 떠나 우리 땅으로 들어왔다는 것을 알 수 있답니다.

한민족은 혼합 민족

2003년에 단국대 생물 과학과 김욱 교수는 동아시아인 집단에서 추출한 표본을 대상으로 부계를 통해 유전되는 **Y염색체**의 유전적 변이를 분석했다. 이 결과 한국인은 주로 몽골과 동·남부 시베리아인에게서 흔히 볼 수 있는 유전자형 그리고 동남아시아 및 중국 남·북부에서 흔히 볼 수 있는 유전자형이 모두 발견되었다. 한국인은 동아시아의 여러 민족 가운데서 동남아시아인인 중국 동북부 만주족과 유전적으로 가장 유사했고, 중국 묘족이나 베트남 등 일부 동남아시아인과도 비슷했다. 이는 한민족이 크게 북방계와 남방계의 혼합 민족이라는 사실을 보여준다.

시대별로 살펴보면, 신라 시대에 40여 개의 성씨가 귀화했다고 기록되어 있으며, 금관가야의 **허 황후**가 인도 출신이라는 주장은 정설화되어 가고 있습니다. 〈황조가〉의 배경이 된 유리왕의 아내 치희도 중국인이었으니 국제결혼을 한 셈이지요. 고구려의 경우도 당나라 출신 8학사가 국내에 정착하는 등 적지 않은 귀화인이 들어왔습니다. 백제는 중국과 교류가 많아서 당연히 귀화 성씨가 많이 들어왔고요. 고려의 경우는 과거 제도를 제안한 쌍기가 대표적인 귀화인이었습니다. 고려 시대에는 특히 많은 수의 귀화인들이 왔는데, 이는 주변 정세와 관련이 깊어요. 발해가 망하면서 1만 명 이상의 귀화인이, 송나라가 망하면서 수만 명 이상의 귀화인이 들어왔거든요. 조선 시대에는 여진족의 이주가 많았습니다. 특히 임진왜란 때 전쟁에 참여했던 명나라 장군이나 병사들이 명나라가 망하면서 대거 눌러앉았지요.

이들이 한반도를 찾은 것은 선진 문물을 소개해 주려는 이유도 있었고 개인적 안위를 위해 피란을 온 경우도 있었지만 대부분 한반도에 경제적 문화적으로 많은 도움을 준 것이 사실입니다. 이주민이 줄어들게된 것은 조선과 청나라 사이에 책문이라는 경계를 세우고 국경을 넘지 못하게 막으면서부터였어요. 그 이전에는 사실상 경계도 감시도 별로 없었기에 변경에서는 자유로운 거주지 이전이 가능했지요. 그래서 여진족의 경우 청나라가 강해지면 청나라에 가서 붙고, 조선이 강해지면 대거 조선으로 귀화하는 것이 가능했어요. 조선 초기의 인구가 급증한 것은 4군 6진의 여진족 때문이었답니다.

우리나라 최초의 과거제를 만든 쌍기

쌍기는 **후주**에서 벼슬을 하다 956년에 후주의 **책봉사**였던 설문우를 따라 고려에 들어오게 되었다. 중국에서 고려까지 오는 고된 길 때문이었는지 쌍기는 병을 얻게 되어 왕궁에 머물게 되었다. 그 기간에 광종은 쌍기의 재주와 능력을 높이 사 쌍기의 귀화를 요청했다. 쌍기는 곧 **한림학사**로 등용되었고, 일 년도 안 되어 학문과 관련된 업무를 총괄하는 팀장이 되었다. 고려 시대는 호족들의 시대니 만큼 호족의 반발도 많았지만, 광종이 쌍기를 전적으로 밀어주었다.

광종 9년(958년)에 쌍기는 능력 있는 사람이 신분으로 인해 관직에 오르지 못하는 것을 안타깝게 여겨 과거제를 제안했다. 당시 광종은 쌍기를 굉장히 신임하고 있었기에 쌍기를 **지공거**에 임명하고 그해 4월 16일에 처음으로 과거제를 시행했다. 이것이 우리 역사 최초의 과거 시험이었다.

- 다문화란 한 사회 안에 여러 민족이나 국가의 문화가 뒤섞이어 있는 것을 말한다. 원래는 문화의 다양성을 가리키던 말이었는데 시간이 흐르면서 이질 문화에 대한 인정과 존중이란 의미를 갖게 되었다. 그래서 민족주의에 근거한 편견과 행동을 지양해야 한다는 의도를 표명할 때 사용된다.
- 우리 민족의 30% 이상은 귀화인 출신이다. 즉, 우리 민족 열 명 중 세 명은 다른 나라에서 이주해 온 이방인이다. 국내에 사는 성씨를 살펴보면 귀화 성씨가 생각 이상으로 많다. 전문가들의 한국인 DNA 분석 결과에도 중국계, 몽골 등의 북방계, 일본계, 동남아시아계 등 다양한 인종의 DNA가 한국인 DNA에 포함되어 있는 것으로 나타났다.

모두
살색입니다

우리나라
다문화 사회의 현실

정부가 2009년에 실시한 전국 다문화 가족 실태 조사 결과를 보면 우리나라에서 다
문화 가족이 어떤 차별을 받고 있는지 알 수 있습니다. 여성 결혼 이민자의 34.8%와
남성 결혼 이민자의 52.8%가 외국인이라는 이유로 차별당한 경험이 있다고 대답했
어요. 농촌보다는 도시에서 그리고 나이나 학력이 높을수록 차별 대우를 받은 경험이
더 많았던 것으로 드러났습니다.

우리나라 에 다문화 가족이 늘고 있는 이유로 크게 세 가지를 들 수 있습니다. 첫째는 농촌 인구가 급격히 줄어들면서 결혼할 여성을 찾지 못한 농촌 총각들이 동남아시아 여성들과 결혼하기 때문이고, 둘째는 외국과의 교류가 활발해지

▌아래의 표는 결혼 이민자, **인지** · 귀화자가 지속적으로 증가하고 있음을 보여 준다.

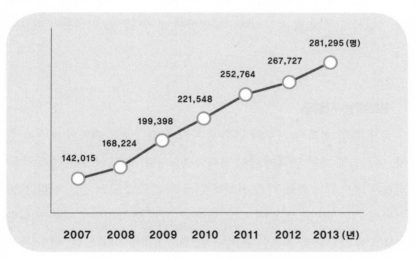

출처 : 안전행정부 (2013 외국인 주민 현황 조사)

고, 외국인 유학생 및 거주자들이 증가하면서 자연스럽게 우리나라 사람들과 결혼하는 외국인이 늘었다. 그리고 이러한 국제결혼이 곧 다문화 가족으로 이어지게 되었다. 셋째는 우리나라 사람들이 꺼리는 **3D 업종**에 취업하기 위해 많은 동남아시아인들이 우리나라로 건너왔기 때문이다.

귀화하는 사람들

국제 환경 변화와 시대의 변화에 따라 우리나라도 귀화의 조건과 절차, 귀화인에 대한 인식이 많이 변화되었습니다. 2007년 일부 개정된 국적법은 귀화의 요건을 더욱 완화해 한국 국민으로 살고 싶은 사람은 조건이 맞으면 국민으로 받아 주고 있어요. 개정된 국적법에 따라 귀화한 대표적인 사람으로 방송인 로버트 할리나 정치인 이자스민, 이참 등이 있습니다.

우리나라 최초의 서양 귀화인, 박연

인조 때인 1628년에 네덜란드인 벨테브레가 제주도에 표류했다. 벨테브레는 서울로 압송된 후 **훈련도감**에서 총포를 만들었다. 벨테브레는 임금으로부터 박연이라는 이름을 하사받고, 조선 여인과 결혼도 했다. 또한 1653년에 하멜이 표류하자 통역 임무를 맡기도 했다. 이처럼 우리 역사에서도 때로는 귀화인들이 중요한 역할을 맡았다는 사실을 확인할 수 있다. 다문화와 개방의 시대로 나가는 미래에는 귀화인의 역할이 더욱 커질 것이다.

귀화는 한국에 5년 이상 연속 거주하고 한국귀화자격시험을 통과하면 가능합니다. 그 이외에도 한국에 꼭 이익을 줄 만한 사람일 경우, 해당 분야 권위자의 추천서를 제출하면, 법무부에서 심사하여 국적을 부여하기도 해요. 사실 능력만 있으면 독일 출신의 이참 씨처럼 한국관광공사 사장도 될 수 있습니다. 문제는 귀화인들을 대하는 내국인의 태도입니다. 이주민들이 귀화하여 한국인으로서의 자부심을 느끼며 떳떳하게 살아가기 힘들게 하는 것은 바로 기존 내국인의 국민감정과 차가운 냉대 때문이지요. 다민족, 다문화 사회를 맞이하여 귀화인과 더불어 살자고 외치면서도, 실제 생활에서는 귀화인과 심지어 그 자녀까지 이방인 취급을 하는 이중적인 태도를 취하고 있습니다.

다문화 가족은 어떤 어려움을 겪고 있을까?

정부가 2009년에 실시한 전국 다문화 가족 실태 조사 결과를 보면 우리나라에서 다문화 가족이 어떤 차별을 받고 있는지 알 수 있습니다. 여성 결혼 이민자의 34.8%와 남성 결혼 이민자의 52.8%가 외국인이라는 이유로 차별당한 경험이 있다고 대답했어요. 농촌보다는 도시에서 그리고 나이가 많을수록 차별 대우를 받은 경험이 더 많았던 것으로 드러났습니다. 이들이 한국 사회에서 가장 힘든 점으로는 여성 이주자의 경우 언어 문제(22.5%), 경제 문제(21.1%), 자녀 문제(14.2%) 순으로 응답했어요. 남성의 경우는 경제 문제(29.5%), 언어 문제(13.6%), 편견 및 차별(9.4%)을 꼽았습니다.

특히 조선족 출신 결혼 이민자는 사회적 연결망이 약하고 지역 사회에 대한 참여도가 낮고, 경제적인 어려움도 크게 겪는 것으로 드러났습니다. 그리고 일본 출신 결혼 이민 여성들의 경우는 다른 집단에 비해 자녀 교육의 어려움을 호소했습니다. 다문화 가족 중 30% 이상이 경제적 어려움으로 사회 보험료 미납, 전기 수도세 체납, 생활비를 위한 금전 차용, 병원 치료 포기 등을 경험한 것으로 나타났습니다. 이것은 다문화 정책의 사각지대에 놓여 있는 이들이 적지 않다는 것을 보여 주지요.

소통 곤란이 가져오는 오해들

이주 노동자들은 의사소통의 어려움 때문에 많은 고통을 겪고 있습니다. 아무래도 언어가 잘 통하지 않다 보니 소통이 안 되는 것이 가장 큰 혼란과 갈등의 원인이 되고 있어요. "저기 가서 박스 가져와!"라고 했더

생각해 보기

불법 체류 외국인의 노동권은 보호해야 할까? 아니면 불법 체류하고 있으므로 보호할 필요가 없을까? 2005년 4월 24일, 서울·경기 이주 노동자 노동조합은 불법 체류 외국인의 노동권을 보호하기 위해 노동조합을 설립하고 노동부에 신고했다. 그러나 노동부와 1심 법원에서는 불법 체류 외국인의 노동권은 보호할 수 없다는 이유로 노동조합 설립을 불허했다. 하지만 고등법원의 판단은 달랐다. "불법 체류 외국인이라 해도 노동조합을 설립할 수 있는 노동자에 해당한다."라는 이유였다. 이주 노동자들에게 혐오와 멸시 대신, 인간이자 노동자로서 최소한의 권리부터 줘야 한다는 법의 준엄한 명령이었다. 국제 인권 단체들도 한국 정부와 대법원에 "그래선 안 된다."라는 뜻을 전했다. 국제앰네스티, 국제노총, 국제노동기구(ILO), 유엔 경제적·사회적 및 문화적 권리위원회 등은 한목소리로 "이주 노동자들에게 합법, 불법 여부와 관계없이 노동조합을 구성하고 참여할 권리를 보장해야 한다."라고 권고했다. 이에 10년 동안 판결을 미루어 왔던 대법원이 2015년 6월 26일 불법 체류 노동자도 노동조합을 설립할 수 있다고 판결했다. 그러면서도 불법 체류자가 노조 설립 권한을 갖는다는 게 불법 체류의 합법화가 아니라는 점은 분명히 했다. 결국, 불법 체류 외국인을 단속하고 처벌하면서, 이들의 노조 활동은 보장하고 있는 셈이 된 것이다. 일부에서는 이주 노동자를 단속과 통제의 대상으로만 보는 정부의 태도가 이번 판결을 계기로 근본적으로 바뀌어야 한다고 주장한다. 여러분의 생각은 어떠한가?

모두
살색입니다

외국인 근로자도 피부색만 다를 뿐 우리와 똑같이 소중한 사람임을 나타내는 공익 광고다.

〈세 번째 시선_잠수왕 무하마드〉는 불법 체류 이주 노동자에 대한 우리 사회의 차별과 편견을 판타지 기법으로 고발한 영화다. 무하마드라는 이주 노동자를 통해 이들에 대한 한국 인권의 현주소를 보여 준다. 태국 청년 무하마드는 아침부터 밤까지, 아주 오랫동안 잠수할 수 있는 능력을 가지고 있다. 하지만 무하마드는 한국에 와선 불법 체류 단속을 늘 신경 써야 하고, 공장 식구들에게 구박만 받는 노동자일 뿐이다. 〈잠수왕 무하마드〉를 연출한 정윤철 감독은 무하마드의 잠수를 통해 그리고 싶었던 것이 무엇이었는지에 대한 물음에 이렇게 답했다. "우리는 뭔가 다 알고 있다고 착각하며 타인을 함부로 무시하는 경향이 크다. 불법 체류 이주 노동자를 무시하고 멸시하지만, 그들은 자기 나라와 고향에서 우리가 갖지 못한 능력을 갖고 있는, 존경받는 사람일 수 있다. 이주 노동자들에게 잠수는 문화일 수도, 음식일 수도, 영화일 수도 있다. 문화 면에서 그들 나라도 우리 못지않게 훌륭할 수 있다. 한국어를 못하고, 가난한 나라라고 무시해선 안 된다."

니 "저기 가서 박수를 치고 있다가 욕을 실컷 먹었다."라는 어느 이주 노동자의 고백은 웃기기도 하고 서글프기도 합니다. 이런 일을 우연한 사건으로만 넘기려 하거나 어쩔 수 없이 겪어야만 하는 **통과 의례**로만 받아들여서는 문제를 해결할 수 없습니다.

이주 노동자뿐만 아니라 많은 이주 여성들은 기본적인 한국어도 습득하지 못한 채 결혼하고 있습니다. 그 결과 생활에서의 불편함을 너머 자신의 자녀들에게도 영향을 미친다는 것입니다. 자신이 잘 모르니 자녀에게 한국어를 제대로 가르치지 못하는 것이지요. 그래서 언어 발달 장애나 수용 장애를 겪는 아이들이 생겨납니다. 또한, 한국어를 제대로 배우지 못하고 초등학교에 들어가서 친구들로부터 소외되거나, 학습 부진아가 되는 경우도 있지요. 이를 막기 위해 학교에서 방과 후 수업을 통해 미진한 언어 소통 교육을 강화하고 있지만, 시간과 예산이 부족합니다.

다문화 가족 내의 갈등

한국사회연구원에 따르면 다문화 가족의 이혼은 2000년 한 해 1,500여 건에 불과했던 것이 2013년에는 1만 1,000여 건을 넘어섰다고 합니다. 게다가 다문화 부부의 평균 결혼 생활 기간은 3.2년으로 한국인 부부의 14년과 비교했을 때 3분의 1에 불과하다고 합니다. 서울 지역의 경우, 2014년 한 해 동안 다문화 부부 6,252쌍이 혼인하고 3,005쌍이 이혼했어요. 다문화 가족의 절반가량이 이혼으로 결혼 생활을 파탄내고 있는 것이지요. 우리나라의 다문화 가족은 한국인 남성과 베트남, 필리핀, 캄보디아 등의 동남아시아 외국인 여성이 결혼하는 형태가 많습니다. 이처럼 언어나 문화에서 공통점이 전혀 없는 남녀가 불과 며칠 사이에 결혼하게 되는 국제결혼의 특성상, 결혼 생활을 잘 유지하기 위해서는 서로의 문화를 이해하려는 개방적인 자세와 언어적 제약을 극복하기 위한 쌍방의 노력이 필요해요. 하지만 이런 노력이 부족하면 일반 가족보다 이혼으로 이어지기 훨씬 쉽지요.

다문화 가족이 이혼에 이르는 핵심 요인은 언어 소통의 어려움으로 인해 의사소통이 잘 안 된다는 것입니다. 또한, 한국 남성이 결혼 이주 여성을 인격체로 보지 않고 무시하며 부당한 대우를 하는 경우도 많아요. 이와 반대로 결혼 이주 여성이 한국 국적 획득과 돈벌이 수단으로 한국인 남성과의 결혼을 악용하는 경우도 있다고 합니다. 한국가족법률상 담소가 2014년 한 해 동안 아내가 외국인인 다문화 가족 이혼 상담 건수를 분석해 본 결과 외국인 부인의 37.2%(124명)가 '배우자 또는 그 직계존속으로부터 부당한 대우'를 받고 있다고 나타났어요. 반대로 결혼을 통해 한국 국적을 취득한 뒤 이혼 신청을 하거나 부부간에 지켜야 할 의무는 지키지 않고 외국 친정에 돈을 보내 달라고 요구하거나 국적을 취득한 후 집을 나가서 연락이 끊기는 경우도 많았어요.

이혼 위기에 처한 이주 여성들은 한국에서의 생활이 오래되고 어느

▌ 2014년 한 해 동안 서울 지역의 경우 다문화 부부 6,252쌍이 혼인하고 3,005쌍이 이혼했다.

정도 한국어로 의사소통할 수 있다고 해도 이혼 문제에 대해서 마땅한 해결 방법을 찾기 어렵습니다. 왜냐하면, 판사와 조사관들이 하는 말을 완벽히 알아듣기 힘들어서 소송을 통한 재판 이혼이 어렵기 때문이지요. 또한 법적 용어가 이해하기 어려워 합의 이혼을 하더라도 불리하게 이혼을 하는 경우가 많다고 합니다.

다문화 사회에서 일어나는 갈등들

다문화 사회의 갈등은 가족뿐만 아니라, 사회 곳곳에서도 나타납니다. 이러한 갈등을 여러 가지 측면에서 볼 수 있습니다. 문화적 갈등, 사회 · 경제적 갈등, 외국인 범죄로 인한 갈등 등이 바로 그것입니다.

• 문화적 갈등

문화적 갈등이란 이주민과 원래 거주민 간의 언어, 제도, 가치관, 생활 양식의 차이로 인한 갈등을 말합니다. 베트남, 중국, 필리핀 출신 이주 여성들은 한국의 가부장 문화에 익숙하지 않아 문화적 갈등이 나타나고 있지요. 시어머니와 며느리 사이의 문화적 갈등도 하나의 원인이 됩니다. 일부 한국 시어머니가 며느리를 집안일이나 해 주는 종이나 노예로 취급하면서 갈등이 발생하는 것이지요.

• 사회 · 경제적 갈등

대다수의 이주 노동자들은 국내에서 3D 업종에서 일하다 보니 좋은 대접을 받지 못하고 있습니다. 낮은 경제적 지위, 일자리를 둘러싼 갈등, 직장에서의 편견, 차별로 인한 인권 침해 등으로 인한 어려움을 겪고 있는 거예요. 그래서 이주 노동자들의 처우를 개선하고, 불

평등한 임금 등을 해결하기 위한 사회적 노력이 필요하답니다.

- **외국인 범죄로 인한 갈등**

경찰청이 2012년 말에 발표한 자료를 보면, 내국인 범죄율은 3.7%인데, 국내 거주 외국인 범죄율은 1.9%입니다. 결국, 외국인 범죄율은 내국인 범죄율의 절반 수준에 불과한 것이지요. 그런데도 일부 언론에서는 이주민의 범죄율이 높은 것처럼 보도하고 있습니다. 또한 '토막 살해범은 또 중국 동포'와 같이 외국인 범죄에 대한 선정적 보도 때문에 대다수 선량한 이주민이 피해를 보고 있습니다. 그러므로 외국인 범죄가 발생할 때, 언론에서 인종과 국적을 강조해 보도하기 보다는 다문화 사회에서 갈등을 줄이고 화합을 도모하기 위한 방안을 제시해야 할 필요가 있습니다.

- **생물학적 순수성 훼손을 주장하는 사람들로 인한 갈등**

한편 이주 노동자들, 이주 여성들이 한국인의 순수성을 훼손하고 있다는 주장을 펴는 이들도 있습니다. 단일민족 신화를 내세우며 이주민을 반대하는 것이지요. 민족과 인종 문제로 다문화를 반대하는 사람들은 귀화 외국인과 내국인의 혼인을 염려합니다. 국제결혼이 결국 한국인의 생물학적 순수성을 훼손시키고, 그 결과 민족과 국가의 정체성이 위협받게 된다는 것이지요. 하지만 우리 민족은 단일민족이 아닙니다.

다문화 사회의 장점

다문화 사회로 인해 여러 가지 문제가 발생하지만, 다문화 사회가 갖

▌아래의 표는 결혼 이민자 및 인지·귀화자를 출신국별로 보여 준다. (단위 : 명)

구분	전체	남성	여성
출신국 전체	295,842	48,787	247,055
중국(한국계)	103,194	25,114	78,080
중국	71,661	10,532	61,129
베트남	56,332	513	55,819
필리핀	16,473	472	16,001
일본	12,875	1,421	11,454
캄보디아	6,211	27	6,184
몽골	3,257	155	3,102
태국	3,088	93	2,995
미국	3,350	2,451	899
러시아	1,976	236	1,740
대만	2,953	1,084	1,869
기타	14,472	6,689	7,783

출처 : 안전행정부 (2014년 지방 자치 단체 외국인 주민 현황)

는 장점도 있습니다. 첫째, 고령화 사회로 진입함에 따라 인력을 구하는데 어려움을 겪던 나라들은 인력난을 해소하고 경제력을 증가시킬 수 있게 되었습니다. 특히 경영주는 인력 부족과 인건비 부담으로 고민하고 있었는데, 저렴한 외국 인력을 공급받으면서 경쟁력을 갖게 된 것입니다. 둘째, 저출산으로 신음하는 나라들은 초등학교 입학 학생들이 심각하게 줄어들고 있어 고민 중이었는데 국제결혼과 이민 등으로 이 부분이 어느 정도 해소될 수 있게 되었지요. 셋째, 이민자에 대한 차별과 냉대를 해소하기 위한 법률 제정과 개선으로 인권이 신장되고 소수자를 보호하기 위한 국제적 관심도 커졌습니다. 넷째, 정부 정책 당국자에게도 이민자들이 긍정적인 효과를 미칩니다. 낯선 타국에서 들어온 이들이 출신 국가와의 인적 문화 교류에 적극적으로 투입되면서 민간 외교 사절단의 역할을 하기 때문이지요. 마지막으로 이주민들이 출신국에 있는 가족에

생각해 보기

미국 최초의 흑인 대통령으로 당선된 오바마는 전임 대통령들과는 다르게 중산층과 다문화 가족이란 독특한 출신 배경을 가지고 있다. 오바마의 아버지는 케냐 출신의 흑인이고, 어머니는 미국 캔자스 출신의 백인이다. 그런 오바마가 미국에서 대통령으로 당선된 것처럼 과연 우리나라에서도 다른 혈통 다른 민족의 대통령이 탄생할 수 있을까?

© Everett Collection/Shutterstock.com

게 보내는 돈을 통해 후진국의 빈곤 문제가 어느 정도 해소되고, 국제적 빈곤 차이를 줄여 갈 수 있습니다.

우리나라를 떠난 사람들

러시아를 비롯한 **독립국가연합**에 사는 한국인 교포를 고려인(카레이스키)이라고 불러요. 우리나라 사람들이 러시아로 이주하기 시작한 것은 1863년(철종 14년)입니다. 그 이후로도 러시아로의 이민은 계속되었는데, 대부분이 농업 이민이었지만 항일 독립운동가들의 망명 이민도 있었어요. 또한, 1937년에는 소련 정부가 국경 지방에 거주하는 한인들이 일본의 첩자가 될 수 있다고 판단하여 연해주에 살고 있던 한인 약 20만 명을 모두 중앙아시아의 카자흐스탄·우즈베크 등지로 강제 이주시켰습니다. 그 과정에서 수천 명의 인명과 막대한 재산 손실이 생겼어요. 그래서 고려인들이 소련 정부에 대해 배상을 요구했지만 실현되지 않았습니다.

중국 교포들은 고려인들보다 역사가 짧습니다. 중국에 거주하고 있는 한민족 혈통을 지닌 중국 국적의 주민들을 조선족이라고 해요. 중국 내 조선족은 200만 명 정도로 추산되고 있습니다.

19세기 후반 경제적으로 어려움을 겪던 조선인들이 생계를 위해 만주로 이주하면서, 중국 영토 내에서 조선인들이 모여 살게 되었지요. 20세기 초에 들어서면서 외세의 경제 침략이 본격화되자 새로운 생활 터전을 찾아 만주와 시베리아로 이주해 가는 조선인의 수는 더 증가하였습니다. 이러한 경향은 1910년 조선이 일본에게 국권을 빼앗기면서 더욱 뚜렷하게 나타났지요. 국권 피탈 직후 일본은 **토지 조사 사업**을 시행하였는데

이 때문에 불합리하게 땅을 빼앗기는 조선인들이 많았습니다. 그 결과 전국 각지에 땅을 잃은 농민과 생업을 상실한 조선인들이 생겨났고 이들 중 많은 수가 만주로 흘러들어 갔습니다. 만주로 이주하는 조선인 중에는 독립운동가들도 많았어요. 여러 경로로 만주에 이주한 조선족은 황무지를 개간하고 산림을 개척하면서 생활 터전을 만들어 갔으며, 이러한 과정으로 형성된 조선인 마을은 독립군의 활동 기반이 되기도 했습니다.

만주가 조선인에 의해 개척되던 가운데 1931년 만주 사변과 1937년 중일 전쟁이 잇달아 일어나 조선에 대한 인적 · 물적 수탈이 극심해졌어요. 조선족은 1945년 8월 15일 일본이 패전하자 귀환할 기회를 엿보고 있었습니다. 그러나 광복 후 얼마 지나지 않아 남북이 분단되고 중국이 공산화되자 자유롭게 이주하지 못하는 상황이 되었어요. 이 때문에 많은 조선족이 그대로 만주를 비롯한 중국 지역에 남게 되었고 현재 중국의 소수 민족으로서 중국 국적을 소유하고 있습니다.

최근 조선족들이 상대적으로 풍요로운 한국으로 돈을 벌기 위해 오고 있습니다. 조선족 중에서는 한국에서 결혼도 하고 자녀도 낳으며 정착하는 이들도 적지 않습니다. 이들과 같이 살아가면서 다문화 공동체를 제대로 꾸려 나가야 하는 것이 이 시대 우리에게 주어진 중요한 과제라고 할 수 있어요. 그렇지만 또한 이 조선족들 가운데 자신의 고국이라고 생각하는 나라가 북한이나 남한이 아닌 중국이라고 하는 경우도 적지 않아 사실 문제가 복잡해요.

- 우리나라에 다문화 가족이 늘고 있는 이유는 세 가지다. 첫째는 농촌 인구가 급격히 줄어들면서 결혼할 여성을 찾지 못한 농촌 총각들이 동남아시아 여성들과 결혼하기 때문이고, 둘째는 외국과의 교류가 활발해지고, 외국인 유학생 또는 거주자들이 증가하면서 자연스럽게 우리나라 사람들과 결혼하는 외국인이 늘었다. 그리고 이러한 국제결혼이 곧 다문화 가족으로 이어지게 되었다. 셋째는 우리나라 사람들이 꺼리는 3D 업종에 취업하기 위해 많은 동남아시아 사람들이 우리나라에 건너왔기 때문이다.

- 여성 결혼 이민자의 34.8%와 남성 결혼 이민자의 52.8%가 외국인이라는 이유로 차별당한 경험이 있으며, 많은 이민자가 의사소통 때문에 어려움을 겪고 있다.

- 다문화 사회의 갈등은 가족뿐만 아니라 사회 곳곳에서도 나타나고 있다. 그러나 다문화 사회로 인하여 인력난이 해소되고, 사회가 다원화되면서 우리와 그들의 문화가 더해져 시너지 효과를 창출하는 등 긍정적 측면도 있다.

CHAPTER

해외의 다문화 사회를
위한 노력

한국에 앞서 저출산, 고령화 문제를 겪은 선진국들은 어두운 미래를 극복하는 방안 중 하나로 '다문화 사회'를 선택하고 있다. 선진국들은 해외에서 외국인들이 들어오는 현상을 피할 수 없는 대세로 받아들이고 적극적인 이민 정책을 통해 다문화 사회를 키워 나가면서 국가 경쟁력을 강화하고 있다. 특히 캐나다, 프랑스, 호주 등은 다문화 가족 자녀에 대해 국가와 지방 정부, 대학, 기업, 기관 등 다양한 주체들 간에 유기적인 협력 네트워크의 구축을 통해 적극적인 교육 지원을 하고 있다.

한국에 앞서 저출산, 고령화 문제를 겪은 선진국들은 어두운 미래를 극복하는 방안 중 하나로 '다문화 사회'를 선택하고 있다. 선진국들은 해외에서 외국인들이 들어오는 현상을 피할 수 없는 대세로 받아들이고 적극적인 이민 정책을 통해 다문화 사회를 키워나가면서 국가 경쟁력을 강화하고 있다. 특히 캐나다, 프랑스, 호주 등은 다문화 가족 자녀에 대해 국가와 지방 정부, 대학, 기업, 기관 등 다양한 주체들 간에 유기적인 협력 네트워크의 구축을 통해 적극적인 교육 지원을 하고 있다.

캐나다, 이주민 위한 평등·통합 교육 시행

캐나다는 기존 원주민과 프랑스와 영국에서 건너온 사람들이 다 함께 개척한 나라입니다. 그래서 현재의 캐나다는 태생 자체가 다문화 사회인 셈이지요. 특히 영국이 지배권을 얻은 후에도 프랑스인들의 종교와 언어인 가톨릭과 불어를 허용하여 일찍부터 다문화 시대를 구현해 왔습니다. 이로 인해 일찍이 캐나다는 학교와 지역 사회 및 각종 공동체와 연계, 협력하는 캐나다식 다문화 교수 학습을 펼쳐 왔습니다. 캐나다는 우선 다

캐나다는 세계 어느 나라보다 개방적인 이민 정책을 가지고 있다.

문화 교육을 위한 인적, 물적 환경을 풍부하게 조성하였습니다. 그래서 이민자들에게 다양한 체험 학습 기회와 언어 교육, 공동체 적응 훈련을 제공하지요. 학교가 먼저 다문화 현실을 수용하여 소수 집단이나 개인일 지라도 차별하지 않고 우호적인 분위기를 형성하도록 정치·사회·문화 적인 배려를 제도화하고 있는 것입니다. 이것이 캐나다 다문화 교육 정 책의 최대 강점이지요.

심지어 캐나다에선 특정한 인종이나 민족이 상당수 포함된 학교의 경 우, 관련 언어 전공 교사를 파견, 문화적 차별을 받지 않도록 배려하고 있습니다. 다문화 교육과 관련하여 소수일지라도 공동체 안에 들어온 이 들을 위해 이벤트를 개최해 주고 게시판이나 홈페이지를 통해 서로를 이 해할 수 있는 다양한 동영상 자료를 공급합니다. 캐나다 공교육의 다문 화 정책은 인종, 언어, 종교 등 통상의 다문화 개념에서 탈피하여 이민 자, 원주민, 장애인 등 상대적으로 어려움을 겪는 모든 학생에게 최적의 교육 환경을 제공하는 거예요. 그래서 교육 당국은 일선 학교에서 원주민, 아프리카, 아시아, 중남미계 학생들이 차별받지 않고 스스로에 대한 자긍심을 가질 수 있도록 최선의 노력을 기울이고 있습니다. 물론 여기에는 일선 교사를 대상으로 다문화 교육을 철저히 펼친 정부의 정책적인 지원이 큰 몫을 한 거지요. 이렇게 이루어지고 있는 캐나다 다문화 정책은 다른 다문화 사회의 모범이 되고 있답니다.

네덜란드, 다문화 교육을 포함한 공교육의 천국

네덜란드는 유럽 국가 중에서도 이주민이 많아 다문화 가족 비율이 가장 높은 나라입니다. 인구 구성을 보면 네덜란드 전체 인구 1,700만 명 중에서 자국인이 80% 정도이고 유럽 각국에서 5% 그리고 나머지는 이주민들이지요. 즉, 인도네시아, 터키, 수리남, 모로코 등에서 온 이주민이 340만 명이나 되는 것으로 추정되고 있습니다. 특히 암스테르담이나 로테르담 같은 대도시에는 30%에 달하는 이주민이 정착하고 있어요. 이것은 우리나라처럼 3D 업종을 이들이 맡아 주고 있기 때문입니다.

교육 당국은 새로 이주해 온 이주민 학생이 편입 혹은 입학하면 전담 교사를 배치합니다. 담임 교사 외에도 전담 보조 교사가 특별 관리를 맡아 공동체에 쉽게 적응할 수 있도록 배려해 주지요. 네덜란드 교육 과정을 보면 중·고교에 들어가면서 세계사 특히 세계 문화사와 인류 공동체에 대한 학습 시간이 많이 배정되어 있습니다. 이를 통해 각 나라의 다양한 문화와 관습 등을 보다 구체적이고 체계적으로 배울 수 있어요.

네덜란드는 기독교 국가로 천주교와 개신교가 과반을 차지하지만, 이

네덜란드는 이민자들을 강제로 네덜란드 사회에 통합시키는 방식이 아니라 주거지를 제공하고 그들만의 문화 전통을 보존할 수 있는 방식을 추진했다.

슬람이나 불교 등 이국적 종교에 대해 배타적인 제스처를 취하고 있지 않습니다. 다만 이주민이 지나치게 많아지면서 최근에는 반대 여론도 늘어나고 있어 앞으로 다문화 정책이 어떤 방식으로 변화될지 **귀추**가 주목되고 있습니다.

프랑스, 다름을 인정하는 더불어 사는 교육

프랑스의 다문화 사회는 그 역사만큼이나 다양한 인종과 문화가 유입되어 형성되었습니다. 알제리 등 프랑스의 식민지였던 국가에서 유입된 많은 이주민으로 다양한 인종을 구성하고 있지요. 프랑스는 오랫동안 평등과 사회 통합을 국가 이념으로 삼아 왔고, 세계 어느 나라보다 다문화 정책과 교육에서 선진국으로 자처해 왔습니다.

프랑스 정부 주도로 펼쳐 온 다문화 정책은 각 지방의 다문화 교육에 영향을 미쳐 왔으며, 각 지방에 설치된 '카스나브(CASNAV, 신규 이민자와 비정착 주민 자녀를 위한 교육 센터)'를 통해 프랑스어 교육 기회와 다양한 문화 체험 기회를 제공하고 있지요. 프랑스 정부는 지금도 이주민 문제와 관련한 사회 통합 정책을 최우선 과제로 삼고 있습니다. 다문화 시대를 살아가는 삶의 방법을 가르치는 것에서 나아가 평등과 다양성을 존중하고 프랑스 시민의 자격을 갖추도록 가르치고 있어요. 즉 프랑스 국기가 상징하고 있는 자유·평등·박애의 실천 정신을 인종·종교·국적을 초월하여 구현하도록 교육시키고 있지요. 어떤 국적이든 종교이든 피부색이든 간에 프랑스 사회의 공동 문화를 소유하고 있는 시민으로 양성되어야 한다는 것이 이 나라의 앞선 다문화 의식입니다.

하지만 최근 프랑스식 다문화 정책과 교육이 위기를 맞고 있다는 보도도 나오고 있습니다. 서로 다른 문화 간의 대립과 갈등, 경제적 차별에 대한 갈등, 취업 기회를 둘러싼 자국민과 이주민의 갈등, 복지를 둘러싼 세금 갈등 등이 심각한 수준으로 나타나고 있기 때문입니다. 특히, 쏟아져 들어오는 이슬람 이민자들 때문에 불평하는 극우주의자들이 늘어나고 있어, 이에 대한 정부 대책이 주목되고 있지요.

미국, 이민자들의 유토피아

미국은 이민자들을 보호하고 인정해 주며 모든 영역에서 기존 거주자와 동등한 권리를 인정하고 있습니다. 미국은 대표적인 다인종·다문화 국가이기 때문이에요. 그래서 연방 정부로부터 주 정부에 이르기까지 모든 교육 주체가 평등을 강조하지요. 물론 현실 사회에선 여전히 피부색으로 인한 흑백 갈등이 존재하고 있는 것도 사실이에요. 1960년대 동화주의 시기뿐만 아니라 1970년대까지만 해도 흑인 차별 문화는 사회 곳곳에서 발견되었습니다. 하지만 1980년대 후반부터 다문화주의에 대한

미국은 인종 차별이 아직도 존재하지만 다양성을 존중하는 분위기가 제도로 정착된 곳이다. 외국 유학생과 이민자에게 무료 급식을 제공하며, 영어가 모국어가 아닌 학생들을 위해 전문 교사를 배치해 준다. 불법 체류자에게까지 국민의 세금을 바쳐야 하느냐는 비난까지 감수하며 그들이 정착할 수 있도록 돕고 있다.

인식이 보편화되면서 미국인이라는 하나의 공동체 속에 모든 소수 민족이 포함되는 개념으로 교육 정책이 일반화되었지요.

하지만 아직도 미국에서 이민자와 자녀들은 학업을 수행하는 데 기존 내국인들보다 훨씬 많은 어려움을 겪고 있습니다. 그럼에도 세계 어느 나라보다 제도적으로는 평등을 이룬 나라가 미국이에요. 연방 정부는 이들 이민자와 그 자녀들의 연착륙을 위해 드림법(Dream Act)을 주 정부별로 시범 시행하고 있습니다. 드림법 덕분에 15세 이전에 미국으로 온 학생들이 최소 5년 이상 미국에서 거주하면서 고등학교를 졸업한 뒤 대학교에 들어가거나 군 복무를 하면 시민권을 취득할 수 있게 되었지요.

교육 당국도 다문화 학생들을 위해 해당 국가 언어를 사용하는 교사를 채용하거나 영어를 제대로 구사하지 못하는 학생과 학부모의 원활한 의사소통을 위해 특별한 교육 프로그램을 제공하고 있습니다. 특정한 멘토를 배치하고 영어가 부족한 학부모에게 상근하는 언어 강사나 상담자를 배치해 주기도 하고요. 또 법적으로 차별당하지 않도록 감시를 강화하고 기존 거주 학생들에게 학급 내에서 인종과 피부색, 성별과 출신 문화에 따라 차별하는 것을 철저히 금지하고 있지요.

호주, 관용의 나라

호주는 백호주의를 고수해 온 인종 차별의 나라였습니다. 영국의 식민지 시절부터 20세기 후반까지 외국인의 이민을 거의 받지 않았는데 특히 백인 이외의 인종은 이민을 받지 않았지요. 그러나 1973년에 백호주의를 폐지하고, 1978년부터 다문화주의를 공식 채택하였습니다. 이제 호주는 다양한 문화권의 이민자들이 공존하는 나라로 바뀌어 무려 7,500만 명의 이민자와 함께 공존하는 거대한 다문화 국가로 성장했습니다.

호주가 다문화 국가로 성공한 배경에는 교육 정책의 힘이 컸습니다. 바로 뛰어난 다문화 언어 교육 시스템 덕분이었지요. 다른 인종을 인정하고 존중하도록 가르치는 전문 교사를 학교마다 배치시켜, 새로 이주해 오는 학생들의 언어와 문화를 기존 학생들에게 가르치고 이해하도록 교육시켰습니다. 다른 나라들이 이주민을 자국민으로 끌어들이려는 동화주의 정책을 사용한 것과 달리, 호주는 이주민이 모국을 기억하고 다양한 문화를 접하도록 하는 것에 초점을 맞춘 거예요. 이를 두고 '끌어오는 문화'가 아니라 '마중 나가는 문화'라는 표현을 쓰기도 합니다. 또 샐러드 문화라거나 모자이크 문화라고도 하지요. 그만큼 차별 없이 어울리게 되었다는 것입니다.

호주는 백인 우월주의와 동화주의에 대한 대안으로 다문화주의 정책
을 추진하면서 세계적으로 성공 가능성이 큰 다문화 국가로 평가되고 있
습니다. 하지만 여전히 남아 있는 인종 차별로 인한 갈등은 호주가 해결
해야 할 과제이지요.

집중탐구 호주의 하모니 데이

호주의 다문화 정책의 특징은 이주민 스스로 후손들에게 자신들의 풍습
이나 문화를 물려주게 한다는 점이다. 즉, 위에서 아래로가 아닌 아래에
서 위로 또는 옆으로 퍼져 나가도록 만든다. 그중의 하나가 바로 1998년
부터 시작한 하모니 데이다. 매년 3월 21일을 전후로 개최되는 하모니 데
이는 서로 다른 민족들이 함께 어우러져 서로의 문화를 이해하고 공유하
는 날이다. 하모니 데이를 통해 사람들은 문화 정체성을 찾음과 동시에
서로의 문화 차이를 인정하게 된다.

• 세계 여러 나라는 다양한 다문화 정책을 펼치고 있다. 캐나다는 이주민을 위한 평등·통합 교육을 시행하고 있고, 네덜란드는 이주민 학생을 위한 전담 교사를 배치하고 있다.

• 프랑스는 다름을 인정하는 더불어 사는 교육을, 미국은 이민자를 위한 드림법을 시행하고 있으며, 호주는 하모니 데이를 통해 이주민들의 고유문화를 공유하고 있다.

우리나라의 다문화 사회를
위한 노력

우리나라가 급속하게 다문화 사회로 진입하면서 정부도 다각적으로 시대 요구를 수용하기 시작했습니다. 이에 따라 기존 국적법을 계속해서 손질하고 있고, 결혼 이주 여성에 대한 대우를 개선하는 방향으로 입법 정책을 변화시키고 있으며, 외국인 근로자 문제나 새터민들을 지원하기 위한 다양한 법규들도 선보이고 있습니다

우리나라는 1997년의 국적법 개정을 통해 다문화 정책을 본격 시행했습니다. 우리나라가 다문화 사회를 인정한 가장 큰 이유는 노동 시장의 변화 때문이었어요. 우리나라는 1980년대까지만 해도 노동력을 수출해 온 나라였으나, 1988년 서울 올림픽 이후에는 노동 수입국으로 자리매김하기 시작했습니다. 우리나라의 초기 외국인 노동자 정책은 아주 제한적이고 차별적이었어요. 제한적이고 차별적이었다는 것은 외국인 노동력을 확보하기 위해 원하는 노동 인구를 받아들이기는 하지만, 일정 기한 후에는 외국인 노동자를 출신국으로 돌려보내는 정책을 추진해 왔던 것을 말합니다.

하지만 우리나라가 급속하게 다문화 사회로 진입하면서 정부도 다각적으로 시대 요구를 수용하기 시작했습니다. 이에 따라 기존 국적법을 계속해서 손질하고, 결혼 이주 여성에 대한 대우를 개선하는 방향으로 입법 정책을 변화시키고 있으며, 외국인 근로자 문제나 새터민들을 지원하기 위한 다양한 법규들도 선보이고 있습니다.

북한 이탈 주민 입국 현황   출처 : 통일부

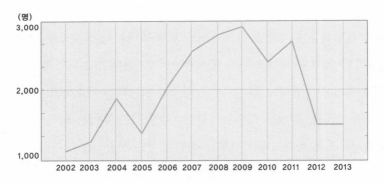

▌ 2014년까지 우리나라에 온 새터민은 총 27,519명(남 8,252명, 여 19,267명)이다.

적극적으로 변화하기 시작한 정부

정부의 다문화 가족 지원 정책은 크게 교육, 생활, 고용, 의료 등으로 나눌 수 있습니다. 그동안 결혼 이주민의 초기 정착이 주요 과제였다면,

지금의 정책은 80만 명에 가까운 다문화 가족들이 취업이나 봉사 등 사회에 활발히 참여할 수 있도록 고용과 교육에 초점을 맞추고 있어요. 구체적으로는 공공 분야 일자리 발굴을 확대하고 있고, 직업 교육 확대, 다문화 가족 청소년 이중 언어 가족 환경 조성 사업 등을 시행해 나가고 있습니다. 이런 정책들은 다문화 가족 지원 센터를 통해서 적극적으로 지원되고 있어요.

다문화 가족 지원 센터는 지역 사회 다문화 가족을 대상으로 한국 사회에 빠르게 적응하고 더 안정적인 가족생활을 할 수 있도록 종합 서비스를 지원하는 곳입니다. 전국에는 거점 센터 16개를 설치하고 지역 센

▌ 아래의 표는 정부의 다문화 가족 지원 정책 내용을 보여 준다.

출처 : 여성가족부

터를 포함하면 214개소의 센터를 건립했습니다. 이 센터들이 **물심양면**으로 다문화 가족들을 도와주고 있지요. 각 지역 센터에서는 멘토 · 멘티 프로그램이나 한국 어 교육, 학부모 교육 등 다양한 프로그램을 진행하고 있어요. 센터 방문이 어려운 가족에는 방문 교육 서비스를 지원하기도 합니다.

또한 24시간 상담이 가능한 다누리 콜센터(1577-1366)를 통해 이주 여성 및 다문화 가족을 위한 긴급 지원 · 상담 및 생활 정보를 제공하고 있어요. 다누리 콜센터는 전화 상담뿐만 아니라 대면 · 방문 · 온라인 상담도 지원하고 있으며 부부 상담이나 가족 상담부터 복잡한 법률 상담까지 무료로 제공하고 있습니다.

결혼 이주 여성에 대한 지원

정부는 결혼 이주 여성에 대한 지원을 위해 최근 정책의 변화를 꾀하고 있습니다. 법무부는 2014년 건강한 국제결혼을 유도하고, 결혼 이민자가 입국 후 국내에 안정적으로 정착할 수 있도록 결혼 이민 비자 발급 심사 기준을 대폭 수정했어요. 베트남 등 일부 동남아시아 국가들로부터 무분별하게 국제 결혼 업체가 인력을 송출하듯 여성들을 우리 사회에 들여보내면서 생기는 각종 문제에 적극적으로 대처하기 위한 것이었어요.

공헌 이주자를 위한 배려

법무부는 우수한 외국인을 많이 유치하기 위해 2010년 5월에 국적법을 개정했습니다. 그 덕분에 우수 인재들이 복수 국적을 유지하면서 귀

- 속성 결혼 방지를 위해 결혼 이민자가 기초 수준 이상의 한국어를 구사할 수 있는지를 심사하되, 부부간 의사소통이 가능하다고 판단되는 경우 심사를 면제한다.
- 결혼 이민자가 입국 이후 안정적으로 정착할 수 있도록 초청자의 일정 수준 이상의 소득과 주거 공간 확보 여부를 심사하는 조건도 추가한다.
- 빈번히 결혼 이민자를 초청하는 사례를 방지하기 위하여 결혼 이민자 초청 제한 기간을 5년 내 1회로 제한(기존 5년 내 2회까지 허용)한다.
- 결혼 이민자가 국민과의 혼인을 이유로 대한민국 국적을 취득 후 바로 이혼하여 다른 외국인을 결혼 이민자로 초청하는 사례를 방지하기 위하여 국적 취득 후 3년 이내 다른 외국인을 결혼 이민자로 초청하는 것을 제한한다.

화할 수 있는 특별 귀화가 가능해졌어요. "대한민국에서는 외국 국적을 행사하지 않겠다."는 다짐을 하는 '외국 국적 불행사 서약'을 하면 외국 국적을 포기하지 않아도 우리나라의 국적을 취득할 수 있게 된 거예요.

한국을 사랑한 인요한

실제로 국적법 개정으로 인해 혜택을 본 귀화인들이 늘어나고 있는데 그 가운데서도 인요한 박사가 대표적 인물입니다. 인요한 박사는 구한말부터 4대째 대를 이어 우리나라의 교육, 복지 등 사회 발전에 커다

란 공헌을 한 미국 기독교 선교사 집안의 후손으로 세브란스병원 국제진료센터 소장으로 일하고 있어요. 인요한 박사는 법무부로부터 2012년 3월 21일에 대한민국 국적 증서를 받았습니다. 전북 전주시에서 출생하여 전남 순천시에서 성장한 인요한 박사는 1895년 미국 남장로교에서 호남 지역에 파송된 유진벨(한국명:배유지, 1868~1925) 선교사의 외증손입니다. 4대째 대를 이어 선교 및 교육·의료 봉사 활동으로 우리나라의 사회 발전에 공헌해 온 선교사 집안의 후손이지요.

인요한 박사의 할아버지 윌리엄 린튼(한국명:인돈, 1891~1960) 씨는 유

집중탐구 국적법 제7조(특별 귀화 요건)

① 다음 각 호의 어느 하나에 해당하는 외국인으로서 대한민국에 주소가 있는 자는 제5조 제1호·제2호 또는 제4호의 요건을 갖추지 아니하여도 귀화 허가를 받을 수 있다.

1. 부 또는 모가 대한민국의 국민인 자. 다만, 양자로서 대한민국의「민법」상 성년이 된 뒤에 입양된 자는 제외한다.
2. 대한민국에 특별한 공로가 있는 자
3. 과학·경제·문화·체육 등 특정 분야에서 매우 우수한 능력을 보유한 자로서 대한민국의 국익에 기여할 것으로 인정되는 자

② 제1항 제2호 및 제3호에 해당하는 자를 정하는 기준 및 절차는 대통령령으로 정한다.

진벨 선교사의 사위로 일제 강점기 때 신사참배 거부 등의 항일 운동을 하고 지금의 한남대학교를 설립하는 등 우리나라의 국권 회복과 교육 사업에 헌신한 공로로 2010년 3월 1일 건국 훈장 애족장을 추서 받았어요. 또 전북 군산에서 출생한 아버지 휴 린튼(한국명:인휴, 1926~84) 씨는 한국 전쟁에 참전하고 1960년 순천에 결핵 진료소와 요양원을 세워 결핵 퇴치 활동을 벌였지요. 인요한 박사는 1993년 한국형 구급차를 개발하여 119 응급 구조 체계의 산파 역할을 하였습니다. 유진벨 재단 이사장인 형 스티븐 린튼(한국명:인세반, 62세) 씨와 함께 1997년 이후 26차례나 북한을 방문하여 결핵 약품과 의료 장비를 무상 지원하여 북한 결핵 퇴치 사업을 전개했습니다. 이렇게 다양한 봉사 활동을 펼쳐 우리나라의 사회 발전과 통일을 위해 이바지한 공로로 인요한 박사는 2005년 10월 24일에 국민 훈장 목련장을 받았습니다.

국민 인식의 변화와 제도 정비

다문화 사회의 갈등을 해결하기 위해서는 용광로처럼 마구 섞어서 우리 것으로 강제화하려는 것에서 벗어나 비빔밥처럼 조화를 이루면서 서로 섞어야 합니다. 여기서 용광로 이론이란 다양한 구성원들의 문화를 강제로 같게 만들려는 것을 의미해요. 강제로 하다 보니 이민자들로부터 강한 반발을 불러일으키기 쉽지요. 이에 반해 비빔밥 이론은 다양한 문화가 각각의 개성을 살리면서 서로 조화를 이루는 것을 의미해요. 우리는 용광로가 아닌 비빔밥처럼 한데 섞이되 다양한 색깔을 낼 수 있는 사회로 나가야 합니다. 그러기 위해서 우리는 다음과 같은 노력을 해야 한답니다.

첫째, 다문화주의에 대한 이해를 높이기. 공동체 사회 내에서 다양한 문화 집단들 간의 차이를 인정하고 서로 존중하면서 공존할 수 있게 어릴 때부터 교육시켜 나가야 합니다.

둘째, 문화 상대주의적 인식을 높이기. 즉, 서로 다른 지구촌 사람들이 평화롭게 공존하기 위해서는 다른 사회의 문화를 그대로 이해하고 존중하는 태도가 필요합니다. 하지만 문화 상대주의적인 태도를 갖기는 쉽지 않아요. 사람들은 자기가 중요하게 생각하는 신념이나 가치 체계와 다른 견해를 가진 사람을 만나면 그를 경계하게 되며, 자신의 기준에 비추어 그를 판단하려고 하기 때문입니다. 그러므로 다른 문화를 존중하기 위해서는 열린 마음으로 낯선 문화를 대해야 합니다. 그리고 상대방의 관점에서 문제를 바라볼 수 있어야 해요. 아울러 우리의 생활 방식이 다른 사람들의 눈에는 어떻게 비칠지 생각해 보는 것도 필요합니다. 왜냐하면, 다른 사람에 대한 이해로부터 궁극적으로 얻는 것은 바로 우리 자신의 이해이기 때문이에요. 이러한 과정을 통해 나 자신의 편견을 발견하고 다른 문화에 대해 관용적일 수 있게 된답니다.

셋째, 다문화 공동체 교육을 강화하기. 즉, 매년 새로 늘어나는 이주민과 그들의 문화 차이를 인정하고 존중하는 문화 민주주의 교육이 이루어져야 하는 동시에 성숙한 사회 구성원으로서의 기본 교육도 같이 실시되어야 합니다. 이를 위해 정부에서는 중앙다문화교육센터를 국가 다문화 교육 추진 체계의 중추 기관으로 삼고, 국가 다문화 교육 정책 연구 및 정책 사업을 선도적으로 추진하고 있지요.

넷째, 다문화 정책 추진과 법률 제도 바꾸기. 정부 주도의 다문화 가족 자녀의 학교 교육 지원, 이주자 문화 교육, 이주자 문화 서비스 등이 이루어져야 합니다. 더불어 다문화 사회로의 변화를 반영한 법률과 제도도 적극적으로 마련해야 하지요. 실제로 정부와 지자체, 교육지자체들은 최근까지 다양한 방법으로 다문화 가족들을 보살피기 위한 정책 지원을 계속해 왔어요. 대표적인 예로 다문화 가족 지원 센터는 여성 가족부의 지원 아래 다문화 가족의 사회 적응과 안정적인 생활을 돕고 있지요.

한국인의 성씨 (姓氏) 중에서

구 드욘센	마 르셀	설 리번	우 르비나	채 들리
고 바야시	모 하메드	신 시아	유 스케	태 하다
나 투아르	문 타리	심 머	이 사이	표 트르
노 리스	배 일리	송 가	조 쉬	피 케
도 밍게스	백 웰	안 데르손	주 디스	하 랑
라 흐만	사 비트리	오 리코	지 토	한 센
류 코비치	서 지오	옥 타비아	차 베스	허 지스

**외국에 살면 외국인이고
한국에 살면 한국인입니다**

대한민국은 이제 우리끼리만 사는 곳이 아닙니다.
우리와 언어가 조금 다르고, 피부색도 약간 다르지만,
우리땅에 사는 외국인들도 대한민국 국민입니다.
민족과 인종을 넘어 다양한 문화가 함께 공존하는 우리사회!
더 큰 대한민국으로 가는 행복한 길입니다.

kobaco 한국방송광고공사
공익광고협의회

우리 땅에 사는 외국인들도 함께 행복하게 공존해야 할 대상임을 나타내는 공익 광고.

왜 새터민을 다문화 가족이라고 할까?

 새터민은 북한을 탈출한 북한 이탈 주민을 말한다. 예전에는 탈북자라는 말을 사용했는데 거부감을 준다는 지적에 따라 2005년부터 '새로운 터전에서 삶을 시작하는 주민'이라는 뜻의 순우리말을 사용하고 있다. 법률적으로는 이들을 북한 이탈 주민으로 부르고 있다. 그런데 엄격하게 이야기하자면 북한 이탈 주민도 사실 같은 우리나라 민족인데, 왜 다문화 가족이라고 할까? 그것은 현실 상황을 있는 그대로 받아들이기로 한 정책 변화 때문이다. 우리나라가 지난 1950년에 발생한 한국전쟁 이후 반세기 동안 분단되면서 남한과 북한은 서로 다른 체제와 환경에서 살아왔고, 사용하는 언어마저 많이 달라져 북한 이탈 주민들이 남한 사람들과는 다른 문화를 갖게 되었기 때문이다.

 특히 교육 제도가 다르고 공산주의식 사상과 사회 시스템에 젖어 있던 새터민들이 자본주의 사회에 적응하기는 결코 쉬운 일이 아니다. 그래서 정부가 나서서 새터민들을 적극 관리 지원하는 것이다. 통일부 통일 정책실 정착 지원과에서 북한 이탈 주민을 관리 지원하고 있다. 여기서는 새터민들에 대한 보호 결정과 관련 법령 및 제도의 입안 기획, 국내외 관계 기관의 협조와 대책 기구 운영, 북한 이탈 주민의 주거 알선과 생활 의료 보호, 이들에 대한 학력 인정과 취학 편입학 지원을 하고 있다. 또한, 이들 가운데 청소년의 정착 지원과 교육 취업 지원, 나아가 지방 자치 단체의 사후 관리 종합 대책까지도 지원하고 있다. 새터민에 대한 지원은 향후 통일될 때까지 그리고 그 이후에도 이들이 완전히 적응할 때까지 계속되어야 할 것이다.

- 우리나라는 1997년 국적법 개정을 통해 다문화 정책을 본격적으로 시행했다. 우리나라가 다문화 사회를 인정한 가장 큰 이유는 노동 시장의 변화 때문이다.

- 우리나라는 기존 국적법을 계속해서 손질하고 있고, 결혼 이주 여성에 대한 대우를 개선하는 방향으로 입법 정책을 변화시키고 있으며, 외국인 근로자 문제나 새터민들을 지원하기 위한 다양한 법규들도 선보이고 있다.

- 정부의 다문화 가족 지원 정책은 크게 교육, 생활, 고용, 의료 등으로 나눌 수 있다. 그동안 결혼 이주민의 초기 정착이 주요 과제였다면, 지금의 정책은 80만 명에 가까운 다문화 가족들이 취업이나 봉사 등 사회에 활발히 참여할 수 있도록 고용과 교육에 초점을 맞추고 있다.

- 다문화 사회의 갈등을 해결하기 위해서는 용광로처럼 마구 섞어서 우리 것으로 강제화하려는 것에서 벗어나 비빔밥처럼 조화를 이루면서 서로 섞어야 한다. 이를 위해서는 다음과 같은 노력들이 필요하다. 다문화주의에 대한 이해 높이기, 문화 상대주의적 인식 높이기, 다문화 사회와 공동체 교육 강화하기, 다문화 정책 추진과 법률 제도 바꾸기 등이다.

6
CHAPTER

다문화 사회와 미래

비빔밥 같은 다문화 정책이 필요합니다. 비빔밥은 우리 문화를 잘 드러내고 있습니다. 다양한 재료들이 섞여 있고 각기 자기만의 독특한 맛을 내는데, 이들이 한데 섞이면 묘하게도 전혀 예상하지 못한 멋진 맛을 내지요. 각 재료의 독특한 맛을 살리면서 전체가 조화를 이루는 비빔밥처럼 새롭고 창의적인 다문화 정책이 필요하지요.

다문화 정책은 차별을 줄이고 소수자를 보호하는 것입니다. 즉 소수 인종 혹은 집단이 무시당하거나 차별받는 일을 정책적으로 막고 법과 제도로 이를 지원하자는 것이지요. 그러므로 다문화 정책의 최종 목표는 사람이 사람답게 살기 위한 보편적 권리를 누리게 하는 데 있습니다. 그러나 다문화 정책을 적용하는 과정에서 다문화 집단의 크기나 정치 배경이나 문화·경제적 상황에 따라 다양한 모형들이 나타날 수 있어요.

차별적 포섭 다문화 정책

차별적 **포섭** 다문화 정책을 채택한 국가들은 특정한 이주민 집단에 대해서는 자국민과 비슷한 권리를 주지만, 또 다른 집단에 대해서는 각종 권리를 주지 않는 이중 태도를 보입니다. 귀화해서 들어온 이들에 대해 당연히 법적 지위를 부여하지만, 사회에 들어가면 사실상 차별이 존재해요. 특히 특정 집단에 대해서는 우대하고 또 다른 집단에 대해서는 보이지 않은 차별이 있습니다. 우대받는 집단은 동화되고, 그렇지 못한 집단은 늘 지나가는 손님일 뿐이지요. 국가는 이들에 대해 자국민으로 적극 동화해 주기를 바라고 이러한 요구를 당연하다고 여깁니다. 겉으로는 다문화주의지만, 속으로는 문화적 단일성을 유지하고 싶어 하는 마음을 숨겨놓고 있는 것이지요. 대표적인 나라가 일본과 대만입니다. 인종주의적 편견이 많은 독일도 이에 해당한다고 볼 수 있습니다.

동화주의 다문화 정책

동화주의 다문화 정책을 펼치는 나라에서는 주류 문화가 워낙 강해서 이민자 집단이 흡수되어 버리는 경향을 보입니다. 사회적으로 소수자에 대한 억압이나 냉대가 존재하고요. 열려 있는 모양새를 취하며 귀화나 적용의 모든 조건이 상대적으로 쉽지만, 해당국의 문화와 시민으로 살아가야 하지요. 다른 모양새를 인정하기보다 자국민 자국 문화 속으로 완전히 들어오기를 원하는 정책입니다. 이주민 중 주류 문화에 동화하는 이들에겐 기회와 복지 정책의 분배가 균등하게 이루어지지만, 동화를 거부하는 이주민들은 견뎌 내기 어렵습니다. 다문화주의 국가 가운데 영국과 이탈리아가 이 범주에 속한다고 볼 수 있어요. 이 정책의 특징은 소수 이민자 집단에 대한 차별 금지가 법과 제도로 뒷받침되고 있다는 것입니다.

다원주의 다문화 정책

다원주의 다문화 정책을 채택한 나라들은 이주 집단이 국가 발전의 원동력이 되고 기존 자국민들에게도 도움이 된다고 믿고 있습니다. 당연히 억압하지도 않고 편견도 없습니다. 따라서 이 범주의 국가들은 인종 차

차별(discrimination)을 중단할 것을
나타내는 포스터다.

별에 대해 적극적으로 금지하고 있습니다. 이 정책의 특징은 동화주의와
비슷하지만 이주민에 대해 더 적극적인 보호 제도와 수단을 법으로 마련
해 논 것입니다.

비빔밥 같은 다문화 정책

최근 우리나라는 다국적 이주민들의 유입으로 급격한 다문화 사회로
진입하면서 다문화 정책이 국가의 미래를 위한 필수 불가결한 요소가 되
었습니다. 2020년이 되면 청소년 인구의 약 20%가 다문화 가족 출신이
될 것이라는 예측도 있어요. 이런 현실에서 서로 다른 문화를 이해하고
존중하지 않는다면 심각한 사회 갈등이 일어날 수 밖에 없어요. 이러한

문제를 해결하기 위해서는 비빔밥 같은 다문화 정책이 필요합니다. 비빔밥은 우리 문화를 잘 드러낸 음식입니다. 다양한 재료들이 섞여져 각기 자기만의 독특한 맛을 내는데, 이들이 한데 섞이면 묘하게도 전혀 예상하지 못한 멋진 맛을 내지요. 각 재료의 독특한 맛을 살리면서 전체가 조화를 이루는 비빔밥처럼 새롭고 창의적인 다문화 정책이 필요합니다.

여러 음식이 섞여 새로운 맛을 내는 비빔밥처럼, 다양한 문화를 아우르는 다문화 정책이 필요하다.

간추려 보기

- 다문화 정책은 차별을 줄이고 소수자를 보호하는 것이다. 즉 소수 인종 혹은 집단이 무시당하거나 차별받는 일을 정책적으로 막고 법과 제도로 이를 지원하자는 것이다. 그러므로 다문화 정책의 최종 목표는 사람이 사람답게 살기 위한 보편적 권리를 누리게 하는 데 있다.

- 우리나라의 문화는 고유한 특징을 가지면서도 다양한 경로를 통해 유입되어 온 다문화 특성을 동시에 갖고 있다. 그런데 아직은 다문화 사회에 대한 이해가 떨어지고 국민 의식도 여전히 폐쇄적인 면이 있다. 이러한 문제를 해결하기 위해서는 비빔밥 같은 다문화 정책이 필요하다.

용어 설명

고령화 사회 의학의 발달과 식생활의 향상 따위로 인하여 평균 수명이 늘어남에 따라 65세 이상인 고령자의 인구가 총인구를 차지하는 비율이 7% 이상인 사회.

고종 조선의 제26대 왕(1852~1919년). 안으로는 대원군과 명성 황후와의 세력 다툼, 밖으로는 구미 열강의 문호 개방 압력에 시달렸다. 1894년 갑오개혁을 단행한 뒤 일본의 힘을 빌려 내정 개혁을 하고자 하였으나 뜻을 이루지 못하였다. 1897년 국호와 연호를 각각 대한과 광무로 고치고 황제라고 칭하였으나, 1907년 헤이그 밀사 사건으로 퇴위하였다. 재위 기간은 1863~1907년이다.

귀추 일이 되어 가는 형편.

귀화 다른 나라의 국적을 얻어 그 나라의 국민이 되는 일.

다원주의 주류 문화의 주체들이 소수자들의 비주류 문화를 억압하는 것이 아니라 허용하거나 수용하는 것.

단일민족 한 나라의 주민이 단일한 인종으로 구성된 민족.

독립국가연합 1991년 12월 31일 소련(소비에트사회주의공화국연방,USSR)이 소멸되면서 구성된 공화국 중 11개국이 결성한 정치 공동체. 구성 국가는 러시아, 우크라이나, 벨라루스, 몰도바, 카자흐스탄, 우즈베키스탄, 투르크메니스탄, 타지키스탄, 키르기스스탄, 아르메니아, 아제르바이잔공화국이다.

동화주의 주류 문화의 주체들이 문화를 통해 사회 통합을 강제하는 것.

물심양면 물질과 정신의 두 방면.

인지 혼인 외에 출생한 자녀에 대하여 친아버지나 친어머니가 자기 자식임을 확인하는 일.

지공거 고려 시대에 과거를 관장하던 주 시험관.

책봉사 황제의 명령에 따라 제후의 나라에 가서 제후를 임명하고 관직을 주던 사절.

코리아타운 뉴욕에 있는 한국인 밀집 지역 또는 상업 구역.

토지 조사 사업 일제가 우리나라의 토지를 빼앗기 위하여 벌인 대규모의 조사 사업. 1910년부터 준비하여 1912년에서 1918년까지 시행되었다.

통과 의례 출생, 성년, 결혼, 사망 따위와 같이 사람의 살아가는 동안 새로운 상태로 넘어갈 때 겪어야 할 의식을 통틀어 일컫는 말.

포섭 상대편을 자기편으로 감싸 끌어들이는 것.

한림학사 고려 시대 학술 기관에 속한 정 4품의 벼슬.

허 황후 가야국 김수로왕의 왕비이며 김해 허 씨의 시조.

혈통 같은 핏줄의 계통.

후주 중국 오대의 마지막 왕조. 951년에 곽위가 후한을 멸하고 변경을 도읍으로 하여 세운 것으로 3대 10년 만에 송나라에 망했다.

훈련도감 조선 시대에 둔 5군영의 하나. 수도 경비와 포수, 살수, 사수의 삼수군 양성을 맡아보던 군영으로 선조 때에 설치하여 고종 19년(1882년)에 없앴다.

3D 업종 힘들고(Difficult), 더럽고(Dirty), 위험한(Dangerous)의 머리글자인 D자를 따서 만든 용어. 주로 제조업 · 광업 · 건축업 등이 3D 업종으로 꼽힌다.

DNA Deoxyribonucleic Acid의 약자로, 세포의 핵 내에 있는 유전자 물질. 유전자는 생물체가 생성하는 단백질의 종류를 결정해 주는 화학 정보가 저장된 곳이다.

Y염색체 암컷에는 나타나지 않고 수컷에게서만 나타나는 성 염색체.

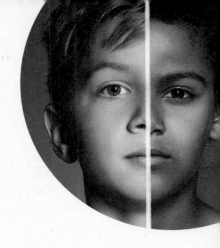

연표

188년

금관가야 시조 수로왕의 왕비였던 허 황후가 사망했다. 많은 학자가 허 황후를 인도 출신이라고 주장하고 있다.

958년

후주에서 귀화한 쌍기의 건의에 따라 우리 역사 최초의 과거 시험이 시행됐다.

1371년

여진족 족장 출신 이지란이 부하를 이끌고 고려에 귀화했다. 이후 이성계를 도와 조선 건국에 공을 세워 개국 공신이 되었다.

1628년

네덜란드인 벨테브레가 제주도에 표류했다. 벨테브레는 서울로 압송된 후 훈련도감에서 총포를 만들었다. 벨테브레는 임금으로부터 박연이라는 이름을 받고, 조선 여인과 결혼도 했다.

1850년

난징조약(1842년) 이후, 청나라와 서양 국가들과의 교역이 확대되면서 많은 중국인이 해외로 이주하기 시작했다. 전 세계 차이나타운 중 가장 규모가 큰 샌프란시스코 차이나타운은 1850년부터 중국 광둥에서 이민 온 화교들에 의해 형성됐다.

1863년

우리나라 사람들이 러시아로 이주하기 시작했다. 러시아를 비롯한 독립국가연합에 사는 한국인 교포를 고려인(카레이스키)이라고 한다.

1866년   미국의 남북 전쟁에서 패한 남부군 퇴역 군인들이 장난삼아 KKK단을 조직했다. 원래 KKK단은 당시 노예 해방 반대와 지주의 권익 회복 등을 목적으로 한 단체였다. 이들은 얼굴에 흰 복면을 쓰고 십자가를 불태우며, 위협과 협박, 흑인과 흑인 해방에 동조하는 백인들에 대한 테러를 자행했다.

1884년   인천 차이나타운은 1883년에 인천항이 개항되고, 1884년에 이 지역이 청나라의 치외 법권 지역으로 지정되면서 생겨났다.

1973년   호주가 백호주의를 공식 폐지하고, 다문화주의를 채택했다.

1997년   우리나라 국적법이 다문화 사회에 맞게 개정되었다.

1998년   호주는 서로 다른 민족들이 함께 어우러져 고유의 문화를 이해하고 공유하는 하모니 데이를 개최했다.

2003년   단국대 생물 과학과 김욱 교수가 동아시아인 집단에서 추출한 표본을 대상으로 부계를 통해 유전되는 Y염색체의 유전적 변이를 분석했다. 그 결과 한민족이 크게 북방계와 남방계의 혼합 민족이라는 사실이 밝혀졌다.

2008년   버락 오바마가 흑인 출신으로는 미국 역사상 처음으로 대통령에 당선되었다.

2010년	다문화 가족 지원 포털 사이트 다누리(www.liveinkorea.kr)가 개설되었다.
2011년	다문화 가족의 범위가 확대됐다. 기존에는 다문화 가족의 범위가 '출생할 때부터 한국인인 자'와 외국인 또는 귀화자로 이루어진 가족에 한정돼 있었으나, 귀화자와 외국인으로 이루어진 가족, 귀화자 간에 이루어진 가족까지 모두 포함됐다.
2012년	정부는 다문화 가족 지원법에 따라 2012년부터 혼인 귀화자 외에 기타 사유 국적 취득자(인지 · 귀화)도 다문화 가족에 포함시켰다.
2014년	정부가 공식 조사한 통계에서 우리나라 다문화 학생 수가 처음으로 6만 명을 넘었다. 다문화 학생은 총 6만 7,806명으로 초등학생 4만 8,297명(71.2%), 중학생 1만 2,525명(18.5%), 고등학생 6,984명(10.3%)으로 조사됐다.
2015년	교육부는 '다문화 교육 중점 학교' 150곳을 지정하고, 다문화 이해 교육, 반(反) 편견 · 반(反) 차별 교육 등을 진행하고 있다.

더 알아보기

다누리 www.liveinkorea.kr
'아름다운 소통, 함께하는 문화'를 슬로건으로 하는 다문화 가족 지원 포털 '다누리'는 다문화를 상징하는 '다(多)'와 홈페이지의 순우리말 누리집의 '누리'의 조합어로 '다문화 가족 모두가 누리다'는 뜻이다. 다누리에서는 결혼 이민자 및 다문화 가족을 위한 정보를 제공하고 있다.

중앙다문화교육센터 www.nime.or.kr
국가 다문화 교육 추진 체계의 중추 기관으로 국가 다문화 교육 정책 연구 및 정책 사업을 선도적으로 추진하고 있다. 다문화 교육 관련 세부 사업으로는 다문화 예비 학교 운영 지원 사업, 다문화 교육 중점 학교 운영 지원 사업, 한국어 (KSL) 교육과정 운영 연구 학교 지원 사업 등이 있다.

무지개청소년센터 www.rainbowyouth.or.kr
청소년복지지원법 제18조에 따른 이주 배경 청소년(탈북 청소년, 다문화 청소년, 중도 입국 청소년 등)을 지원하고 더불어 살아가는 다문화 사회를 만들어 가는 비영리 재단법인이다. 이주 배경 청소년과 함께 만드는 공존과 통합의 다문화 한국 사회 실현을 비전으로 인권 및 지역에 기반한 이주 배경 청소년 정착·통합 지원, 청소년 다문화 역량 강화, 다문화 사회를 선도하는 청소년 정책 개발 및 제언을 목적으로 한다. 이를 위해 이주 배경 청소년 지원 및 역량 개발, 청소년의 다문화 감수성 제고, 정책 및 프로그램 개발을 주요 과제로 하고 있다.

찾아보기

내인생의책은 한 권의 책을 만들 때마다
우리 아이들이 나중에 자라 이 책이 '내 인생의 책'이라고 말할 수 있는 책을 만들고자
합니다.

세상에 대하여 우리가 더 잘 알아야 할 교양
㊷ **다문화** 우리는 단일민족일까?

박기현 글 | 변종임 감수

초판 인쇄일 2015년 7월 27일 | 초판 발행일 2015년 8월 7일
펴낸이 조기룡 | 펴낸곳 내인생의책 | 등록번호 제10-2315호
주소 서울시 강서구 가양동 52-7 강서 한강자이타워 A동 306호
전화 (02)335-0449, 335-0445(편집) | 팩스 (02)6499-1165
전자우편 bookinmylife@naver.com | 카페 http://cafe.naver.com/thebookinmylife
편집장 이은아 | 편집1팀 신인수 조정우 이다겸 김예지 | 편집2팀 강성구 | 36.5 박호진
디자인 안나영 김지혜 | 경영지원 김지연 김정삼

ISBN 979-11-5723-188-1 44300
ISBN 978-89-97980-77-2 44300(세트)

책값은 뒤표지에 있습니다. 잘못된 책은 구입처에서 바꾸어 드립니다.

이 도서의 국립중앙도서관 출판시도서목록(CIP)은 e-CIP 홈페이지(http://www.ml.go.kr/ecip)에서 이용하실 수 있습니다.
(CIP제어번호: 2015018799)